Detlef Staude

Drehscheibe der Philosophie-geschichte

Philosophisches Denken in und aus der Schweiz

Schwabe Verlag

Gedruckt mit Unterstützung der Berta Hess-Cohn Stiftung, Basel.

Die Publikation wurde durch die Ernst Göhner Stiftung, Zug, gefördert.

ERNST GÖHNER STIFTUNG

MIX
Papier aus verantwortungsvollen Quellen
FSC® C083411
FSC
www.fsc.org

Bibliografische Information der Deutschen Nationalbibliothek
Die Deutsche Nationalbibliothek verzeichnet diese Publikation in der Deutschen Nationalbibliografie; detaillierte bibliografische Daten sind im Internet über http://dnb.dnb.de abrufbar.

Abbildungen Umschlag: v.l.n.r. obere Zeile: Erasmus von Rotterdam, Theophrastus Bombastus von Hohenheim – Paracelsus, Jean-Jacques Rousseau, Julie Bondeli, Johann Georg Sulzer, Johann Heinrich Pestalozzi mit seinem Enkel Gottlieb Pestalozzi; mittlere Zeile: Georg Wilhelm Friedrich Hegel, Friedrich Nietzsche, Michail Bakunin, James Guillaume, Carl Gustav Jung, Jean Piaget; untere Zeile: Joseph Maria Bocheński, Friedrich von Hayek, Sir Karl Popper, Jeanne Hersch, Karl Jaspers, Annemarie Pieper (Bildnachweise ab Seite 214)
Cover: icona basel gmbH, Basel
Layout: icona basel gmbh, Basel
Satz: 3w+p, Rimpar
Druck: CPI books GmbH, Leck
Printed in Germany
ISBN Printausgabe 978-3-7965-4623-5
ISBN eBook (PDF) 978-3-7965-4624-2
DOI 10.24894/978-3-7965-4624-2
Das eBook ist seitenidentisch mit der gedruckten Ausgabe und erlaubt Volltextsuche. Zudem sind Inhaltsverzeichnis und Überschriften verlinkt.

rights@schwabe.ch
www.schwabe.ch

Inhalt

Einleitung

Eine geistige Grossmacht ist die Schweiz, insbesondere im Hinblick auf ihre Philosophinnen und Philosophen, nicht gewesen: So lautet die gängige Vorstellung. Doch sobald man sich mit diesem Thema genauer auseinandersetzt, ist man sich sogar dieses grobmaschigen Urteils nicht mehr so sicher. Dann wird einem nämlich klar: Ohne die Denker aus diesem kleinen, immer wieder leicht unterschätzten, oft nicht so ganz ernst genommenen Land sähe es erheblich anders aus in der Welt. Wie kommt es, dass man bei der Auseinandersetzung mit der Philosophiegeschichte weltweit die Philosophie der Schweiz so leicht übersieht? Das hat unterschiedliche Gründe:

Die Schweiz als Staat entstand ab 1291 erst im Laufe vieler Jahre und als eigenständiger Staat bis hin zum Oktober 1648, so dass z. B. die ersten beiden hier behandelten Philosophen, obwohl in der heutigen Schweiz geboren, wirkend und gestorben, keine Schweizer waren. Doch selbst danach veränderten sich häufig die Grenzen, so dass Menschen damals Schweizer waren, es heute aber nicht mehr wären – und umgekehrt.

Ein anderer Grund ist der, dass Philosophinnen und Philosophen aus der Schweiz oft in das nahe gelegene Ausland, nach Deutschland, Frankreich und Italien zumal, wechselten und dann nicht selten als zu diesem Land gehörig wahrgenommen wurden, so wie man den wahrscheinlich bedeutendsten Schweizer Philosophen, den Genfer Rousseau, im Pariser Pantheon beisetzte, neben Voltaire, der zwar tatsächlich Franzose war, aber auch zwanzig Jahre seines Lebens in der Schweiz schrieb und wirkte. Hier wird ausserdem der dritte Grund deutlich: die Sprache. In der Schweiz werden mehrere Sprachen gesprochen, und drei davon sind auch die Nationalsprachen von (heutzutage) drei grossen und kulturell bedeutsamen Nationen (Italien, Frankreich und Deutschland). Die schweizerische Philosophie ist also vielsprachig, doch der kulturelle Austausch über die Sprachgrenzen ist immer einer voller Hindernisse und macht es schwierig, die schweizerische Philosophie als etwas Einheitliches wahrzunehmen.

Ein weiterer Grund ist der, dass man in der Schweiz die Philosophie zwar anerkennt, dass sie aber keine Sache von besonderem Renommee ist wie etwa in Frankreich. Der Nationalstolz beruht jedenfalls nicht auf den intellektuellen Leistungen der Schweizerinnen und Schweizer, und dadurch geraten diese etwas ausser Sicht. So wird z. B. bis heute alltäglich der Name Pestalozzis in der Schweiz gewohnheitsmässig als Inbegriff von naiver Grosszügigkeit und Menschenliebe verwendet, somit ein bestimmter Grundzug seiner Persönlichkeit weiterhin verulkt, seine tatsächlichen Erkenntnisse und Ideen sind aber oft gar nicht näher bekannt.

Weiterhin kamen aus dem Ausland sehr viele Denkerinnen und Denker in die Schweiz, so dass es oft unentschieden ist, ob sie nun ihrem Herkunftsland oder der Schweiz zuzurechnen sind. Natürlich ist z. B. Nietzsche ein Deutscher gewesen, aber seine philosophischen Werke schrieb er alle in der Schweiz oder in Italien.

Dann gab es aber in der Schweiz auch keinen international und historisch so herausragenden Denker bzw. eine so herausragende Denkerin, dass der/die einem sofort bei «Schweiz» in den Sinn käme. Und ausgerechnet derjenige, der am meisten das Zeug dazu hätte, Jean-Jacques Rousseau, wird häufig für einen Franzosen gehalten und wurde von den Schweizern während seiner Lebenszeit häufig aus der Schweiz vertrieben.

Wenn man jedoch genauer hinschaut, kein zu enges Verständnis von «Philosophie» mitbringt und sich aus gutem Grunde nicht auf schweizerische Philosophie fokussiert, sondern auf Philosophie in und aus der Schweiz und so die Schweiz als Drehscheibe von Denktraditionen in den Blick bekommt, dann entdeckt man, welch grosse und in einigen Fällen eminente Bedeutung dem, was an philosophischen Gedanken in der Schweiz entwickelt wurde, zukommt. Ohne die Philosophie von Schweizern hätte es wahrscheinlich weder die Französische Revolution noch die amerikanische Verfassung in ihrer heutigen Form gegeben – und auch keine Erklärung der Menschen- und Bürgerrechte von 1789.

Die Berner Philosophin Anna Tumarkin bezeichnete 1948 in *Wesen und Werden der schweizerischen Philosophie* als typische Merkmale der schweizerischen Philosophie ihre Sachlichkeit und ihre Weltanschaulichkeit. Wie jede Verallgemeinerung trifft dies sicherlich nicht auf alles zu, was in der Schweiz an philosophischen Gedanken hervorgebracht wurde, doch als erste Wegmarken dafür, wie sich das Philosophieren in der Schweiz entwickelt hat, sind diese beiden Begriffe gut zu gebrauchen. Apropos philosophieren: Über die Wertschätzung von Philosophie sagt auch die Verwendung des Verbs *philosophieren* im Umgangssprachlichen in der Schweiz etwas aus, nämlich im Sinne von «über Gott und die Welt gemütlich zusammen reden», manchmal auch mit dem ein wenig verächtlichen Unterton, man solle nicht «philosophieren», sondern lieber was tun. Hier schlägt der eingefleischte Protestantismus – übrigens auch in katholischen Gebieten, dort aber weniger – durch. Das schweizerische Philosophieren sollte sich also, wenn man diese Grundhaltung mitbedenkt, immer durch einen gewissen lebensweltlichen Praxisbezug rechtfertigen können.

Wenn man etwas als wahr erkannt hat, so gilt das allein noch gar nichts, es sollte in der Schweiz eben *in Tat und Wahrheit* so sein.

Interessant ist, dass diese umgangssprachliche Bedeutung von «philosophieren» und das Zitat aus 1 Joh 3,18 «in Tat und Wahrheit» alternativ für «tatsächlich» im Hochdeutschen keine Verwendung findet. Vielleicht also kann in Deutschland Philosophie, gut aristotelisch, ihren Zweck in sich selbst finden, muss sich also nicht zunächst durch einen Praxisbezug rechtfertigen. Wenn es also ein Zaumzeug gibt, das dem philosophischen Denken in der Schweiz angelegt wurde, dann ist es diese, oft weltanschauliche, Praxisorientierung.

Es hat also wahrscheinlich einen tieferen Grund, warum die Gedanken aus der Schweiz und von Schweizern und Schweizerinnen vor allem dann besonders erfolgreich waren, wenn sie nicht nur Theorie und Spekulation waren, sondern auch den Menschen und sein Tun in der Welt neu dachten, z. B. in Medizin, Pädagogik, Politik, Recht und Ökonomie.

Eine Entdeckung der Geschichte der philosophischen Gedanken in und aus der Schweiz und der dahinterstehenden Denkerinnen und Denker lohnt sich auf jeden Fall, sie ist geistig anregend, spannend und sogar unterhaltsam.

I. Mittelalter

1. Die ersten Ansätze im Mittelalter

Die Schweiz ist ein junges staatliches Gebilde, das einen langen Entstehungsprozess aufweist. 1291 schlossen die Leute der drei Talschaften Uri, Schwyz und Unterwalden einen Bund, der auf dem sogenannten Bundesbrief in lateinischer Sprache festgehalten ist und als das Gründungsdokument der Eidgenossenschaft gilt. Vor dieser Zeit gehörte die Deutschschweiz überwiegend zum Herzogtum Schwaben (Alemannia) und die französische Schweiz überwiegend zum Königreich Hochburgund. Im 13. Jahrhundert sind in der Deutschschweiz insbesondere die Zähringer und Habsburger weitere die Kultur und die Machtbeziehungen prägende Akteure.

Doch der Umfang der Eidgenossenschaft änderte sich und nahm zu, und als offiziell in ihrer Eigenstaatlichkeit anerkannt konnte sie ab 1648 gelten (Exemtion aus der kaiserlichen Gerichtsbarkeit beim Westfälischen Frieden). Erst ab dieser Zeit war sie ein souveräner Staat mit halbwegs den Aussengrenzen, die der heutigen Schweiz entsprechen. Wer kleinlich sein wollte, könnte die Philosophie in der Schweiz also erst nach dem 30jährigen Krieg beginnen lassen. Mir scheinen jedoch bereits Mittelalter, Humanismus und Reformation so wichtige Impulse gesetzt zu haben, dass ich hier beginne.

Notker Labeo (950–1022) – Philosoph, Linguist und Übersetzer

Der erste Schweizer Philosoph ist Notker der Deutsche. Da er im frühen Mittelalter im Thurgau geboren ist und in St. Gallen lebte, sind beide Zuordnungen gerechtfertigt: An die Schweiz war zu diesem Zeitpunkt noch nicht zu denken, er war Alemanne. Andererseits sind Geburts- und Wirkungsort heute auf Schweizer Boden, und so kann man ihn zur Schweizer Philosophie rechnen.

Notker (auch Notker III. genannt) war ein ausserordentlicher Gelehrter seiner Zeit: Er war sowohl der erste Aristoteles-Kommentator des Mittelalters als auch ein bedeutender Übersetzer lateinischer Schriften ins Althochdeutsche. Die Klöster waren zu dieser Zeit die einzigen Orte in Europa, wo philosophische (und andere) Schriften wenigstens zum Teil zur Verfügung standen, gelesen, abgeschrieben und besprochen werden konnten, und das Kloster St. Gallen war eines der wichtigsten. Althochdeutsch ist die älteste deutsche Schriftsprache, die zwischen 750 und 1050 geschrieben wurde und die den Dialekten südlich der sogenannten Benrather Linie, die das Oberdeutsch vom Niederdeutsch trennt, nahesteht. Er unterrichtete Latein in der Klosterschule, wohl vornehmlich anhand von philosophischen Texten aus dem Griechischen – das Notker leider nicht beherrschte –, die von Boethius (480–526) ins Lateinische übersetzt worden waren. Zum besseren Verständnis für seine Schüler übersetzte Notker diese Texte ins Althochdeutsche und kommentierte sie. Gerade diese Kommentare lassen sein eigenes Wissen und sein philosophisches Denken gut erkennen. Durch seine Übersetzungstätigkeit wurde er auch zu linguistischen Überlegungen angeregt, da er ja eine einheitliche Schreibweise des sonst nur gesprochenen Wortes finden musste. Dadurch wurde er zu einem Wegbereiter einer neuen landessprachlichen Schriftlichkeit. Umgekehrt wanderten natürlich auch viele aus den Übersetzungsbemühungen Notkers und anderer Mönche stammende Formulierungen, neue Wörter und Metaphern in die allgemeine Sprache ein. Ein von ihm geschaffener Begriff ist z. B. *muotsuhtig* (verwirrt, bedrückt), das im Mittelhochdeutschen dann zu *muotsiech* wird und im Neuhochdeutschen zu *gemütskrank*.

Wie bedeutsam solche Übersetzungen häufig allerdings waren, zeigt sich z. B. daran, dass eine Übersetzung von Boethius' *Consolatio Philosophiae* (Trost der Philosophie), wie Notker sie um 1000 verfasste, erst um 1465 nochmals unternommen wurde, also in der Zeit des Humanismus und der Renaissance.

Ausser den Übersetzungen philosophischer Werke für Unterrichtszwecke schrieb Notker auch einen althochdeutschen Text über Musik und befasste sich mit Mathematik und Rhetorik. Er schuf durch seine Übersetzungen und Kommentare die Grundlage einer deutschen Wissenschaftssprache. Seine Werke sind uns in Handschriften aus dem 11. Jahrhundert überliefert, die ein wohldurchdachtes orthografisches System aufweisen. Die Schriften von Notker bilden das grösste Schriftcorpus eines deutschen Autors vor 1100.

Abt Frowin von Engelberg (vor 1141–1178)

Das Kloster Engelberg war eine Gründung von Mönchen aus Muri im Aargau aus dem Jahr 1120. Es war 1143, als Frowin aus St. Blasien (Schwarzwald) dort Abt wurde, allerdings nicht mehr in gutem Zustand. Erst Frowin machte es zu einem geistigen und kulturellen Zentrum, indem er ihm zu einer Bibliothek, einer Klosterschule, einem Skriptorium und einer Malschule verhalf. So gelangte Engelberg zu hoher künstlerischer und wissenschaftlicher Bedeutung. Frowin selbst war als theologischer und philosophischer Schriftsteller tätig, u. a. verfasste er die *Sieben Bücher zum Lobe des freien Willens* (De Laude Liberi Arbitrii).

Er ist der Ansicht, dass der freie Wille begründet ist in der Fähigkeit, freiwillig entscheiden zu können, und der Fähigkeit, rational, also aufgrund von Gründen, handeln zu können. Diese beiden Fähigkeiten haben ihre Ursache in der jeweils anderen. Denn nur wer freiwillig entscheiden kann, könne über Gründe für sein Handeln nachdenken, und nur wer aufgrund von Gründen handeln könne, sei in der Lage, frei zwischen Gründen auszuwählen. Im freien Willen sieht er die Gottähnlichkeit des Menschen, denn durch den freien Willen unterscheide sich der Mensch am meisten von den anderen Geschöpfen. Der freie Wille sei ausserdem eine notwendige Bedingung für Gut und Böse oder Gerechtigkeit und Ungerechtigkeit, da nur dann jemand böse oder ungerecht handeln könne, wenn er sich freiwillig entschieden habe. Diese Überlegungen, die dazumal natürlich auch einen theologischen Bezug hatten, sind heute angesichts einer vermeintlich den Menschen übertreffenden Künstlichen Intelligenz ebenso von Belang.

Ausser diesem Werk sind noch 38 weitere Schriften von Frowin erhalten, und seine Malschule war prägend für den Stil der Buchmalerei im 12. Jahrhundert.

II. Renaissance und Reformation

2. Die Hochzeit des Humanismus in Basel und die Reformation

Beide, der Humanismus und die Reformation, betreffen in der Schweiz als Epochenbegriffe ungefähr den gleichen Zeitraum, von der Mitte des 15. bis gegen Ende des 16. Jahrhunderts. Der Humanismus dieser Zeit ist eine Gelehrtenkultur, die sich auf die antiken Quellen besinnt. Es ist eine Zeit, in der zum ersten Mal eine europaweite Gelehrtenkultur entsteht, die von der Kirche weitgehend unabhängig ist.

Die Reformation entsteht auf diesem Hintergrund. Es stehen zunehmend neu übersetzte Texte und nach 1450 infolge von Gutenbergs Erfindung des Buchdrucks mit beweglichen Lettern gedruckte Bücher zur Verfügung, ab 1468 in Basel. Diese Gelehrtenkultur und die Verfügbarkeit von Büchern für alle, die sie lesen konnten, führen zu vielfältigen neuen theologischen Ideen und Bewegungen, besonders aber zur Reformation, die den rechtgläubigen Alleinvertretungsanspruch des Papstes und seiner Kirche infrage stellt. Einige Päpste waren zwar selbst bedeutende Humanisten, doch in der Reformation ging es irgendwann vor allem um den wahren Glauben und die Macht und nicht mehr um den gelehrten Disput.

Der Schweizer Humanismus – Entstehung und Lob Helvetias

Man kann sagen, dass die Schweiz ein Produkt des Humanismus war: Erst Humanisten begannen, die dazumal zehn Kantone, sieben Gemeinen Herrschaften und dreizehn Zugewandten Orte und Schirmherrschaften – ein, wie allein die Aufzählung zeigt, ziemliches politisches Sammelsurium – als Ganzes zu verstehen und eine kulturelle Zusammengehörigkeit zu postulieren. «Leider» geht dies sogar auf den Humanisten und späteren Papst Pius II. zurück, nämlich Enea Silvio Piccolomini, der 1453 das Wort «Helvecia» (später: Helvetia) erfand. Man könnte demnach behaupten, die Schweiz sei eine päpstliche Erfindung.

Piccolomini gründete 1460 ebenfalls die bis heute humanistisch geprägte Universität Basel, wo sich eine humanistische Vereinigung (Sodalitas) bildete, die bekannte Humanisten anzog, vor allem während sich Erasmus dort aufhielt.

Humanismus und Reformation sprachen gleichermassen den gebildeten städtischen Laien an, der einen direkten, individuellen Zugang zu Gott suchte: Wegen der existentiellen Problematik und des Gebrauchs der Volkssprache erreichte die Reformation jedoch weitere Kreise als der Humanismus allein. Andere Humanisten in der Schweiz waren Glarean (* 1488 in Mollis/Glarus, † 1563 in Fribourg), Rhenanus, Vadian und Conrad Gesner. Einige von ihnen wurden später zu Täufern (am Ende des Abschnitts über Zwingli wird diese Bewegung kurz beschrieben).

Die Leidenschaft für die Integrität der Schweiz als einiges Vaterland erwachte erst durch die Humanisten. Glarean verfasste 1514 die *Helvetiae descriptio et in laudatissimum Helvetiorum foedus panegyricum* (Beschreibung der Schweiz und Festrede in höchstem Lob auf den Bund der Schweizer). Dieses und andere Werke im Jahrzehnt davor und danach haben das Gefühl der Zugehörigkeit zu einem «helvetisch alpenvolck» stark gefördert.

Erasmus von Rotterdam (1469–1536) – Ad Fontes!

Der berühmteste in der Schweiz tätige Humanist war ein Holländer. Er war das zweite Kind einer illegitimen Verbindung des Priesters Rotger Gerard mit einer Arzttochter und besuchte mit seinem Bruder Schulen in Gouda und Deventer. Da er bereits mit 14 seine Eltern verlor, trat er früh ins Augustinerchorherrenstift Steyn bei Gouda ein, wurde Priester und 1493 Sekretär des Bischofs von Cambrai, der ihm das Studium in Paris ermöglichte. 1499 wurde er in England mit Thomas Morus bekannt und setzte 1504 das Studium in Paris fort, wo er neben Philosophie und Theologie auch Griechisch und Hebräisch lernte. 1505 bis 1507 befand er sich in Italien, wo er in Turin promovierte. Dann ging er einige Jahre nach England, und ab 1514 weilte er in Basel – mit Unterbrechungen als Hofrat von Kaiser Karl V. in Brüssel. 1516 löste ihn der Papst von seinem Gelübde als Augustinerchorherr. Erasmus war *der* Humanist des 16. Jahrhunderts und stand mit vielen gekrönten Häuptern, Kirchenfürsten und anderen bedeutenden Personen seiner Zeit in Briefwechsel. Die humanistische Gesinnung seiner Zeit prägte er wesentlich. Er war Ratgeber Kaiser Karls V., sympathisierte eine Zeitlang mit Luther, bis er sich von ihm abgrenzte und schliesslich vom protestantisch gewordenen Basel nach Freiburg i. Br. übersiedelte (als er wieder nach Basel zurückkehrte, erwischte ihn dort der Typhus).

Luthers Grundgedanke ist die Rückbesinnung auf die Quellen, und so ist auch des Erasmus Wahlspruch: «Ad fontes!» (Zu den Quellen!). Hieran wirkte er intensiv mit: Er legte

1516 eine textkritisch revidierte und kommentierte griechische Fassung des Neuen Testaments vor sowie zahlreiche Neuausgaben der Kirchväter.

Erasmus ist ein Fürsprecher gegenseitigen Wohlwollens und des Bewahrens von Frieden, ein hervorragender Stilist und Ironiker sowie ein eigenständiger Denker gewesen, dem es gelang, allein von seinen Studien zu leben. In Bezug auf die Einschätzung der Frauen bildet Erasmus eine wohltuende Ausnahme und betont ihre Gleichwertigkeit. «Vielleicht», heisst es in *Der Frauensenat*, «werden wir auch durchsetzen, dass wir wechselseitig die öffentlichen Ämter bekleiden.» In vielen seiner Schriften kritisiert er die Situation der Kirche. Eines seiner bekanntesten Werke, das *Lob der Torheit*, eine satirische Darstellung menschlicher Schwächen und der Missstände seiner Zeit, schrieb er bei seinem Freund Thomas Morus (1478–1535) in London. Auch an dessen Roman *Utopia* ist er wohl nicht ganz unbeteiligt gewesen.

Zentrales Anliegen sind bereits in dieser Zeit Bildung und Erziehung. «Die Menschen werden nicht geboren, sondern erzogen», so Erasmus. Es ist sein Ziel, den Menschen (schon als Kind, aber natürlich auch später noch) auf jene Humanität hin zu erziehen, die ihm ein solches Anliegen ist. Der Soziologe Norbert Elias hat darauf hingewiesen, dass die Schrift *Über die Umgangserziehung der Kinder* (1529) ein wichtiges Indiz dafür ist, dass in der Renaissance die Verhaltenssteuerung der Menschen zunehmend nicht mehr über äussere Kontrolle läuft, sondern die Kontrolle internalisiert wird. Darum ist auch die Bildung für Erasmus ein grosses Anliegen, z. B. in *Über die Notwendigkeit einer frühzeitigen allgemeinen Charakter- und Geistesbildung der Kinder* (1529). Es ist wichtig, damit früh genug zu beginnen, «denn das, was das Kind sich mit Leichtigkeit aneignen kann, dazu bedarf es im späteren Leben viel Anstrengung». Er betont weiterhin die Altersgemässheit der Erziehung, die Wichtigkeit des Spiels hierin und die wichtige Rolle von Liebe und Lob. Damit sind viele wichtige Gedanken der späteren Pädagogik schon grundgelegt. Aber es brauchte mit Comenius, Rousseau, Pestalozzi, Soave und Fröbel noch einige weitere Denker – und Praktiker – bis daraus eine breite Bewegung wurde. Der Gedanke aber, dass zur Erziehung immer auch Bildung hinzukommen muss und dass diese nicht nur im Wissen, sondern eben in «Charakter- und Geistesbildung» besteht, ist eine Vorstellung, die ohne eine humanistische Grundüberzeugung schnell verlorengeht, und so ist leider davon heute nur noch wenig übrig.

Das Hauptwerk des Erasmus sind die *Adagia* (eine Sammlung antiker Redensarten und Sprichwörter), von denen viele dank ihm heute noch sprichwörtlich sind (z. B. *Assidua stilla saxum excavat* → Steter Tropfen höhlt den Stein, oder: Νῦν γὰρ δὴ πάντεσσιν ἐπὶ ξυροῦ ἵσταται ἀκμῆς → Es steht auf Messers Schneide).

Theophrastus Bombastus von Hohenheim (1493–1541) Paracelsus

Einer der berühmtesten Zeitgenossen von Erasmus war der aus der Nähe von Einsiedeln stammende Theophrastus Bombastus von Hohenheim, der sich später Paracelsus nannte, halb Europa zu Fuss bereiste und schliesslich mit nur 48 Jahren in Salzburg starb. Er war auf seine Schweizer Geburt und Sprache zeitlebens stolz, und er sah sich als Arzt, Philosoph und Reformator. Genauso, wie er selten lange an einem Ort blieb, sondern viel und weit umherzog, schrieb er viel und über unterschiedliche Themen. Die – unbekanntere – Hälfte seiner Schriften sind theologischen Inhalts, doch berühmt wurde er mit jenen, alchemistisch inspirierten Schriften, die Mensch und

Welt in eine Beziehung setzen und die vor allem medizinisch und pharmakologisch interessant und bedeutsam waren. Paracelsus war als sehr erfahrener Arzt sowohl ein begabter Praktiker als auch kreativer Theoretiker, der aus Modellen und Prinzipien der Magie und Alchemie, die er wahrscheinlich beim Abt Johannes Trithemius (1462–1516) kennengelernt hatte, das Theoriegebäude für eine darauf fussende Medizin als Universalwissenschaft entwickelte.

Das lateinische *philosophus* wurde in dieser Zeit nicht nur im Sinn von «Philosoph» ähnlich der heutigen Bedeutung gebraucht, sondern eher im Sinn von «die Naturgesetze durchschauender Weiser» oder eben «Alchemist». Und Paracelsus war all dies. Und er war natürlich vor allem ein Reformator der Medizin und Pharmakologie seiner Zeit, der als Erster ganz nachdrücklich die seit der Antike in diesem Bereich gebräuchliche Säftelehre mit den hypothetischen vier Körpersäften, die den ebenfalls hypothetischen vier Elementen entsprechen, infrage stellte. Was er als Alternative dazu anzubieten hatte, war zwar ebenfalls hypothetisch, nämlich die drei Grundprinzipen *Sal* (in etwa das Prinzip des Materiellen), *Sulfur* (in etwa dem Prinzip des Feuers, der Energie entsprechend) und *Mercurius* (das umwandelnde, geistige Prinzip). Doch der Vorteil dieser Begrifflichkeit und der dahinterstehenden, alchemistisch inspirierten, aber im medizinischen und allgemein menschlichen Alltag gut nachvollziehbaren Theorie war ihre hervorragende Anwendbarkeit auf das Verdauungsgeschehen, auf die Physiologie insgesamt sowie auf sämtliche lebendige Veränderungen in der Welt. Da für Paracelsus aber die gesamte Welt beseelt war, waren dies die Grundprinzipien allen Weltgeschehens.

Die erkenntnistheoretische Grundlage seiner Philosophie ist das Prinzip der Ähnlichkeit, das auf der Mikrokosmos-Makrokosmos-Analogie basiert: Der Mensch (Mikrokosmos) ist nur durch die Welt (Makrokosmos) zu erkennen. Es gibt

Wirkkreise in der Welt oder eben «Welten»: die *elementarische*, die *siderische* und die göttliche (*deale*). Alle Wesen besitzen neben dem elementarischen einen siderischen (astralen, also Sternen-) Leib, der Mensch auch einen dealen, die Seele. Gegenstand der Philosophie ist die Erkenntnis der Natur, die man nur durch deren Belauschen, nicht durch Bücherweisheit erhält. Die Astronomie/Astrologie erforscht die siderische Welt und die Theologie die deale. Darüber erhebt sich die Medizin als Universalwissenschaft. Sie soll das jedem innewohnende Lebens- und Gestaltungsprinzip, den *archeus*, stärken.

Paracelsus trat für Naturerfahrung und Experiment ein, auch mit chemischen Mitteln. Wie schon Notker, machte er sich Gedanken über die adäquate Benennung der Dinge, nicht jedoch um von Menschen geschriebene Texte zu übersetzen, sondern um die passende *Concordanz* zwischen Naturphänomenen (also sozusagen dem «Text der Natur») und entsprechenden, möglichst erkenntnisträchtigen Namen/Bezeichnungen zu finden. Die Idee eines in zu entschlüsselnden Chiffren geschriebenen «Buches der Natur», einer zweiten Offenbarung neben der Heiligen Schrift, geht auf Augustinus zurück und wurde im 14. Jahrhundert von Konrad von Megenberg (1309–1374) als Titel für die erste deutschsprachige Naturgeschichte genommen. Paracelsus war daran gelegen, mit seiner *Signaturenlehre* diese Chiffren zu entschlüsseln und vor allem als Arzt die Beziehung zwischen Naturphänomen und Heilmittel klarer zu verdeutlichen. Gerade mit dieser Signaturenlehre hatte er grossen, langwirkenden Einfluss auf Chemie, Medizin und Esoterik.

Zweierlei ist ihm wichtig: die Krankheit zu verstehen und sie zu erkennen. Krankheit äussert sich in Form von Zeichen, von Symptomen. Anhand dieser Zeichen will er die Krankheit erkennen, aber darüber hinaus will er sie verstehen, ihren «ursprung» und «grunt» erfahren und dadurch ihre Heilung:

«Denn der Mensch wird erlernt von der grossen Welt, und nit auss dem Menschen. Das ist die Concordanz, die den Arzt ganz macht: so er die welt erkennt, und auss ihr den Menschen auch, welche gleich ein Ding sindt und nit zwey: Das ich der Erfahrung weitter heimsetz.»[1] In der «grossen Welt», dem Makrokosmos, liegen ja auch die Heilmittel, und so führt Paracelsus der Begriff der Concordanz dazu, dass der Name der Krankheit den Symptomen, ihrem Grund und ihrem Heilmittel entsprechen und gerecht werden soll. Eine Weise dieser Benennung erfahren wir im dritten Kapitel des *Labyrinthus Medicorum:*

> So nun der Arzt also die Elemente lernt erkennen, so findet er in den Generatis alle Krankheit, damit doch der Mensch beladen ist. Und wie Flammula ist, also ist auch der Morbus Flammulae. Was willst du jetzt in viel Büchern umwühlen, umlaufen und suchen von Vesicis, von wannen sie kommen? Weißt du, von wannen Linum palustre kommt, von wannen Urtica, von wannen Melones, von wannen Plumosum, so weißt du auch sein Morbos und seine Species. Wo bleibst du mit der Cholera adusta. Melancholia?[2]

Morbus flammula wäre eine Benennung aus der Erkenntnis des Ursprungs der Krankheit und auch auf die Heilung verweisend, ebenso ein morbus linum palustre, ein morbus urtica etc. «Cholera» oder «melancholia», Krankheitsnamen, die auf der Basis der Vier-Säfte-Lehre entstanden, lehnt Paracelsus als unangemessen ab: «aus dem Feur, nicht Cholera; aus dem Erdreich, nicht Melancholia; aus dem Wasser, nicht Phlegmate; aus dem Luft, nicht Sanguine. So reimt es sich.» Das schreibt er kurz davor.

Die Welt des Paracelsus ist ein lebendiger Kosmos, eine Ordnung, die – richtig erkannt und benannt – immer wieder deutlich wird, nicht zuletzt in der «Anatomie»:

Anatomie ist eine Kunst, die euch lehrt erkennen die Form eines jeglichen Dinges; denn ihr seht, nichts ist ohne Form, auch die Krankheiten nicht ohne Form, sondern sie sind formig, darum sie eine Anatomie haben und einen besonderen Menschen sozusagen [...] Nun, wenn ihr das wisst, so ist weiter vonnöten, dass ihr in solcher Gestalt die Anatomie der Kräuter wisset und aller Gewächse, auf dass ihr da zusammen die gleiche Anatomie der Kräuter und gleiche Anatomie der Krankheiten in eine Ordnung bringet. [...] Kennst du nun den Arsenik in seiner Natur, so weisst du auch im Leib Arsenik zu erkennen [...] So du nun das hast, so zeigt es die Kur an, denn Arsenik heilt den Arsenik, Anthrax den Anthrax, wie das Gift Gift heilt [...] also heilt gleiche Anatomie je eins das andere. so du nun weisst, was Arsenik ist, so heile nach Inhalt der Anatomie den Arsenik mit Arsenik, wie dich die Anatomie lehrt. (Paracelsus, Paragranum, Sudhoff VIII, 120)

Auch an diesen Zitaten wird deutlich, dass für Paracelsus das genaue Hinschauen, Benennen und Beschreiben die halbe Heilung ist, denn unangemessene Benennung führt unter Umständen am Heilmittel vorbei. – Die Anatomie der Krankheit hat auf jeden Fall eine Concordanz zur Anatomie eines Heilmittels, und wird die Krankheit hiernach benannt (z. B. morbus arsenicalis), so ist sogar noch manches Andere mitausgesagt z. B. über die Gefährlichkeit der Krankheit, das Element ihrer Entstehung etc. «so er ir anatomei weisst, so sol er darnach wissen anatomias morborum, so fint er da concordanz, die sich zusamen vergleichen und gehörent. aus diser concordanz diser zweien anatomien wechst der arzt und on die ist er nichts».[3] So dient der Terminus der Tradition von Wissen und ist aufzugeben und zu ersetzen, sobald er einen überholten Wissensstand repräsentiert.

1526 hielt sich Paracelsus in Basel auf, kurierte dort den berühmten Drucker Johannes Frobenius, einen Freund von

Erasmus, dem er medizinisch auch half. In Basel hielt er als erster Hochschullehrer Vorlesungen in deutscher Sprache. Mit seinen provokativen Thesen geriet er allerdings mit der Basler Pharmazie und Ärzteschaft aneinander. Paracelsus verfasste philosophisch-medizinische, astrologisch-mantische und sozialkritisch-theologische Werke.

Die Basis des Theophrastus (des «Göttlich Redenden») ist ein in seinem Sinne recht verstandenes Christentum. Wie Luther, so hat auch Paracelsus grossen Einfluss auf die Entstehung der neuhochdeutschen Sprache genommen, da die meisten seiner Werke deutsch verfasst sind und einige davon weit verbreitet waren.

Sebastian Castellio (1515–1563) – Gewissensfreiheit und Zweifel

Sebastian Castellio (Sébastien Châtellion) stammte nicht aus der Schweiz, sondern aus Savoyen und hatte in Lyon studiert, wo er mit Luthers Lehre in Kontakt kam. Dort bekam er mit, wie Hugenotten als Ketzer verbrannt wurden, und das liess ihn sich endgültig der Reformation zuwenden. Er ging 1540 nach Strassburg, wo er auf Calvin traf und sich mit ihm anfreundete. Dieser vermittelte Castellio schliesslich eine Stelle als Schulrektor in Genf. Seit 1539 existierte dort – von Calvins Lehre inspiriert – ein Verbot von Tänzen, Glücksspielen und zeitweise auch Wirtshausbesuchen. Calvin (1509–1564) vertrat aus dieser lustfeindlichen Interpretation wahren Glaubens auch die Ansicht, anders als Castellio, dass das Hohelied nicht in die Bibel gehöre. Diese und andere Diskrepanzen mit seinem Förderer, der 1541 wieder nach Genf zurückkam, führten dazu, dass Castellio Genf auf Calvins Betreiben hin nach vier Jahren wegen irriger theologischer Ansichten, so Calvin, wieder verlassen musste. Anschliessend zog Castellio mit seiner Familie nach Basel, wo er allerdings keine vernünftige Arbeit fand und daher hauptsächlich studierte. Nebenher arbeitete er beim Drucker Oporinus. Zu der Zeit fertigte er eine lateinische Bibelübersetzung an, die 1551 erschien und in deren Vorrede er völlige Glaubensfreiheit forderte, sowie Überarbeitungen und Übersetzungen von lateinischen und griechischen Schriften. 1553 wurde er Professor für Altgriechisch.

Als Calvin 1553 in Genf den Arzt Michael Servetus, der die Dreifaltigkeit bezweifelt hatte, als Ketzer hinrichten liess, um den Glauben zu verteidigen, war Castellio empört und protestierte in zwei Schriften dagegen, v. a. mit der Schrift *Von den Ketzern*, deren zentrale Aussage ist, man könne keine Lehre verteidigen, indem man einen Menschen töte: «Einen Menschen töten heisst nicht, eine Lehre verteidigen, sondern einen Menschen töten.»

Er verfasste auch eine Schrift gegen Calvin, die aber in Basel, wo Calvin auch über Einfluss verfügte, nicht gedruckt werden durfte, sondern erst 1612 in Holland erschien. Und gerade dort fielen seine Anregungen auch auf fruchtbaren Boden. Seine in den letzten Lebensjahren verfasste Schrift *De arte dubitandi et confidendi, ignorandi et sciendi* (Über die Kunst zu zweifeln und zu glauben, nicht zu wissen und zu wissen) blieb unvollendet und wurde erst 1981 vollständig veröffentlicht. Er bestritt darin mehrere theologische Dogmen und stützte sich auf die natürliche Vernunft.

So wurde Castellio zum entschiedenen Mahner vor religiösem Fanatismus und Erinnerer an gegenseitige Liebe, Glaubensfreiheit und Frieden. Sein eindeutiger Einsatz für den gewaltfreien Umgang mit Andersdenkenden und sein Beharren auf einer skeptischen Grundhaltung waren in der damaligen Zeit aussergewöhnlich. Europa musste erst noch den Dreissigjährigen Krieg hinter sich bringen, um einen Modus für einen halbwegs gewaltfreien Umgang mit den unterschiedlichen Konfessionen und religiösen Vorstellungen zu finden. In der Schweiz brauchte es zum Teil noch besonders lang, mit Ketzern und «Hexen» anders als gewaltsam umzugehen, und die letzte Hexen-Hinrichtung Europas fand ausgerechnet hier (im Kanton Glarus) und zwar erst 1782 statt.

Zwingli (1484–1531) und die geistige Bedeutung der Reformation für die Schweiz

Da es hier um die Philosophiegeschichte der Schweiz geht, spielt die Reformation – zumindest in ihrer religiösen und machtpolitischen Bedeutung – nur eine Nebenrolle. Doch die Reformation erwuchs natürlich aus der sich in ganz Europa verbreitenden Grundhaltung und Bewegung des Humanismus, die Erasmus in die knappen Worte fasste: «Ad fontes!» (Zu den Quellen!) Die Würdigung, Zugänglichmachung und genaue Übersetzung der Originalschriften, ihr Studieren und Reflektieren, das damit verbundene Lernen der alten Sprachen, ein eigenständiges Denken, Fragen und Glauben, all das floss natürlich auch in die Reformation ein, in der es jedoch nicht nur um einen persönlichen und gemeinsam reflektierten Glauben ging, sondern auch um ein gemeinsames Glauben und um die damit verbundene politische Macht.

Calvin haben wir als Gegenspieler Castellios schon kennengelernt. Neben ihm ist Zwingli der bedeutendste Reformator der Schweiz. Huldrych Zwinglis Werdegang ist typisch für den schweizerischen Humanismus: Geboren wurde er 1484 in einer Berggemeinde. Die Lateinschule besuchte er in Basel und Bern, dem folgte ein Studium in Wien und 1502 in Basel. Dazu gehörte die Lektüre italienischer Humanisten und die Aneignung des Griechischen und Hebräischen. Zwingli verehrte

Erasmus. Nach dem Studium war er von 1506 bis 1516 Pfarrer in Glarus. Dort hatte er die Möglichkeit, das Neue Testament und andere antike Schriften im Original zu studieren. Durch Erasmus hatte er gelernt, einen anderen Sinn im Text zu erkennen, also die Bibel nicht nur wortwörtlich auszulegen. Auf Zwinglis Veranlassung hin entstand in Glarus eine Lateinschule, in der er auch unterrichtete und in die viele später bedeutende Schüler gingen. Weil er in wichtigen Fragen immer die päpstliche Position einnahm, wurde er schliesslich beurlaubt.

Diese Erfahrung und die Erfahrung mit dem Ablasshandel in Einsiedeln, wo er anschliessend für drei Jahre Leutpriester war, veränderten ihn, und er wandte sich gegen den Kriegsdienst der Schweizer in fremdem Sold. Er selber besass durchaus Kriegserfahrung, übernahm aber gerade deshalb die Überzeugung des Erasmus: «Der Krieg erscheint den Unkundigen als süss.» (Dulce bellum inexpertis.) Diesen Satz strich er sich in seiner Sprichwörterausgabe des Erasmus an.

So gereift und verändert trat er 1519 die Stelle als Leutpriester im Grossmünster in Zürich an. Zwingli hatte in Zürich starken Einfluss auf die Politik und wollte, dass der Staat für Ordnung und die Durchsetzung der biblischen Lehren sorgte, dass er sich um die Armen kümmerte und für sie sorgte. Seine religiösen und moralischen Lehren und Einstellungen und die seines Nachfolgers Bullinger waren prägend für die Schweizer Reformation. Zwingli starb im Kappelerkrieg gegen die katholischen Innerschweizer Kantone im Jahr 1531.

Zwingli und dessen Nachfolger Heinrich Bullinger (1504–1575) waren sehr feindselig der Täuferbewegung gegenüber eingestellt, so dass man etliche von ihnen in der Limmat ersäufen liess. Die Täufer lehnten die Kindstaufe ab und führten stattdessen freiwillige Erwachsenentaufen durch. Sie forderten eine klare Trennung von Kirche und Staat und waren so Vorkämpfer der Glaubensfreiheit. Sie bezweifelten ausserdem, dass es Christen erlaubt sei, Kriegsdienst zu leisten. Insgesamt ging ihnen Zwinglis Reformation nicht weit genug. Die Gründung erster Gemeinden erfolgte im Anschluss an zwei Mandate des Zürcher Rats im Januar 1525, in denen die Verweigerer der Kindstaufe des Landes verwiesen wurden. Das Thema Kindstaufe hatte in der heterogenen Bewegung erst ein Jahr zuvor zentrale Bedeutung gewonnen.

III. Aufklärung

3. Die Aufklärung in der Schweiz

Philosophiegeschichtlich waren das 15. und 16. Jahrhundert mit Humanismus und Reformation eine Zeit von hoher und hochstehender geistiger Aktivität in der Schweiz, in der man sich angewöhnte, ob theologisch oder philosophisch, zu begründen und zu argumentieren. Doch im 17. Jahrhundert finden sich in der Schweiz, anders als im europäischen Umland, keine grossen Geister. Zwar gibt es im philosophischen Bereich einige Lehrer, aber keine bedeutenderen und bekannten Denker. Mit der Aufklärung im 18. Jahrhundert zeigt sich jedoch, dass dies nur ein Erholungsschlaf der Vernunft war, um eine bislang ungekannte Vielfalt unabhängiger Denkerinnen und Denker hervorzubringen, die weltweit beeindruckten.

Hierbei sind zu Beginn vor allem die der naturrechtlichen Denkschule entstammenden Denker prägend, wie Burlamaqui, de Vattel und Rousseau, mit der damit verbundenen Fragestellung, wie ein Staat angemessen verfasst sein soll. Ein weiteres Thema durchzieht die Gedankengänge vieler Philosophen, die angemessene Erziehung, so wie bei Rousseau und Sulzer sowie den im folgenden Kapitel erwähnten Soave und Pestalozzi. Und schliesslich ist die Aufklärung die Zeit, in der zum ersten Mal Frauen im Kreis des offiziellen philosophischen Diskurses willkommen sind, denn dieser Diskurs lebt nicht nur von Schriften, sondern auch von Briefen und von gemeinsamen Gesprächen in Salons, die oft von philosophisch und literarisch interessierten Frauen geführt werden wie der Bernerin Julie Bondeli. Und natürlich ist die Aufklärung eine Zeit des Erblühens der Naturwissenschaft, vertreten in der Schweiz insbesondere durch den Berner Albrecht von Haller (1708–1777) und den Genfer Charles Bonnet (1720–1793), der die Jungfernzeugung der Blattläuse entdeckte. Der Zürcher Johann Kaspar Lavater (1741–1801) übersetzte Bonnets sich auf diese Jungfernzeugung beziehende spekulative Schrift in Teilen mit dem Titel *Philosophische Untersuchung der Beweise für das Christentum* (Zürich 1771) und widmete sie dem jüdischen Philosophen Moses Mendelsohn (1729–1786). Mendelsohn verstand dies als Aufruf zur Konversion und antwortete, er werde bei seinen Grundsätzen bleiben, solange seine «Seele nicht eine andere Natur annimmt». Bonnet entschuldigte sich, Lavater aber konnte die Sache nicht auf sich beruhen lassen. An dieser Auseinandersetzung nahm auch Gotthold Ephraim Lessing (1729–1781) regen Anteil, der schliesslich auch dadurch angeregt Mendelsohn mit seinem Drama *Nathan der Weise* ein Denkmal setzte, das einen berühmten Appell an religiöse Toleranz darstellt.

Neben den religiösen Fragen und Auseinandersetzungen war die Aufklärung auch bestimmt durch ein Erstarken des Materialismus, wofür Lambert und de la Mettrie Zeugnis ablegen, Letzterer eher per Zufall in der Schweiz und trotzdem zu einem für ihn entscheidenden Zeitpunkt. Auch Voltaire hat lange Zeit den Schutz der Schweiz und das Leben in der Schweiz genossen.

Jean-Jacques Burlamaqui (1694–1748)

Der Genfer Jean-Jacques Burlamaqui, dessen Vorfahren aus Lucca stammten, war Schüler des zuerst in Lausanne und dann, nachdem ihm die Berner das Lehren dort verboten hatten, in Groningen Naturrecht lehrenden Jean Barbeyrac. Das naturrechtliche Denken war die Grundlage jener Zeit für anthropologisch-staatsphilosophische Reflexionen, d. h. wer immer die Aufgabe des Staates bestimmen wollte und den Anspruch, den die Bürger an ihn gerechtfertigter Weise haben konnten, machte sich zunächst einmal auch Gedanken über die Natur des Menschen. Burlamaqui finden wir später in Genf als Professor für Ethik und Naturrecht. Dort war er bekannt für seinen klaren Vortrag und seine gut nachvollziehbaren Ansichten und wurde hochgeehrt. Das naturrechtliche Denken dieser Zeit hatte seine Vordenker in Hugo Grotius, Thomas Hobbes und Samuel von Pufendorf und stellt die Basis für die Rechtfertigung von Macht oder die Umgestaltung der Gesellschaft dar, weil es eine philosophisch-rechtliche Argumentationsgrundlage für Forderungen und Rechtfertigungen liefert.

Burlamaquis Gedanken waren in der französisch- und englischsprachigen Welt einflussreich, sie wirkten sich mit jenen des in Neuenburg lehrenden Emer de Vattel (1714–1767) auf die *Virginia Declaration of Rights* 1776 aus, weil er die Organisation der Gesellschaft abhängig machte von einem Konzept, das auf sozialer Gerechtigkeit und dem Respekt vor der persönlichen Freiheit beruhte. Persönliche Freiheit solle mithilfe der Gemeinschaft für jedermann erreichbar werden, ebenso wie dessen persönlichen Ziele im Leben.

Er unterschied drei Stadien des Naturrechts und den Naturzustand. Letzterer ist weder der Krieg aller gegen alle wie bei Hobbes, noch ein naturverhaftetes Einsiedlerleben wie bei Rousseau, sondern das Eingebettetsein in die Gemeinschaft. Der Mensch ist ein geselliges Wesen und die Gemeinschaft notwendig zum Überleben. Die natürliche Gemeinschaft ist zwar gleich und frei, doch das Verfolgen individueller Ziele hat in ihr keine besondere Bedeutung. Daher ist sie für Burlamaqui nicht der Idealzustand. Der ist annähernd erreichbar, je mehr die individuellen Ziele im Gemeinschaftsleben realisierbar werden. Den drei Stadien des Naturrechts entsprechen drei Verträge: Der *1. Vertrag* dient dem Erhalt und der Sicherheit der Gemeinschaft, um den Zustand des *kollektiven Glücks* erstreben zu können. Damit dies auch nachhaltig geschehen kann, braucht es einen *2. Vertrag* in Form einer Verfassung. Legitim ist dabei jede Staatsform, bei der *Glück Staatszweck* ist. Der *3. Vertrag* ist die Wahl und Einsetzung einer Regierung, die der Verfassung und den ihr gemässen Gesetzen folgt und mit der eine gut organisierte Zivilgesellschaft erreicht werden kann. Der so entstandene Staat gibt jedem die *Möglichkeit, seine Einzelinteressen und sein Glück zu verfolgen.*

Seine Gedanken wirken sich bis heute auf das Staatsverständnis in den USA, aber auch des Königreichs Bhutan im Himalaya aus, das sie im 18. Jahrhundert übernahm. Burlamaqui war aber auch ein Vordenker der EU. Er schrieb, dass die europäischen Länder «eine Art von Republik bilden würden, deren Mitglieder, zwar unabhängig, aber an gemeinsame Interessen gebunden, zusammenkommen würden, um die Ordnung und Freiheit aufrechtzuerhalten».

Sein Hauptwerk sind die 1747 erschienenen *Principes du droit naturel*, mit denen sich auch Rousseau in seinen staatsphilosophischen Werken auseinandersetzt.

Jean-Jacques Rousseau (1712–1778)

Je mehr man sich mit Rousseau beschäftigt, desto mehr ist man geneigt, ihn für *den* Vordenker der Moderne zu halten. Denn er war nicht nur ein Philosoph, der in ein, zwei Bereichen entscheidende neue Gedanken und Sichtweisen in den allgemeinen Diskurs und die Gesellschaft eingebracht hat, sondern in vielen:

Nicht nur erfand er ein neues Notensystem und war ein fachkundiger Musiktheoretiker und Komponist, nicht nur war er ein Theoretiker, dessen Gedanken entscheidend die Französische Revolution beeinflussten, nicht nur schuf er mit seinen Gedanken und dem Versuch, ihnen auch nachzuleben, die entscheidenden Impulse für die Romantik, nicht nur mit seinem Erziehungsroman *Émile* das Modell kindlicher Entwicklung, das die Grundlage der weiteren Pädagogik und der Entwicklungspsychologie ist, nicht nur war er ein Bestsellerautor von Liebesromanen, sondern er wurde auch verfolgt und vertrieben, und bei all dem war er es wohl, der das Bild der idyllischen Schweiz in der öffentlichen Wahrnehmung am meisten prägte und so bereits zu seiner Zeit den Schweiz-Tourismus aus dem übrigen Europa in Gang brachte. Bei all dem aber war er ein innerlich zerrissener Mensch, der sich zwar zeitlebens bemühte, seinen eigenen Idealen und Grundsätzen gemäss zu leben, dabei aber immer wieder auch scheiterte. Seine letzten Bücher stellen daher zwar auch Autobiografien dar, er rechnet darin aber hauptsächlich mit sich selber ab. Auch dies ein Zug der Moderne: Der Mensch muss sich selbst bestimmen, doch die gesellschaftlichen Verhältnisse stellen dafür nur fragwürdige Modelle und Möglichkeiten zur Verfügung, und die sich so ergebenden Spannungen und Widersprüche führen dazu, dass das eigene Leben immer auch ein Irrweg und Scheitern wird, wenn man es sich denn, wie Rousseau, auch eingesteht.

Dass dieser so enorm vielfältige Philosoph, der sich meistenteils bewusst als Genfer Bürger bezeichnete, obwohl er Genf schon im Jugendalter verliess, meist gar nicht als Schweizer Philosoph, sondern als französischer wahrgenommen wird, hängt auch damit zusammen, dass er dort letztlich, obwohl es auch dort immer wieder kritische Stimmen gab und er es auch des Öfteren schaffte, es sich mit Menschen zu verscherzen, die ihm wohlgesonnen waren, von den Anhängern und Vordenkern der Revolution sehr geschätzt wurde. Aber auch Immanuel Kant beeindruckte er tief: Ein einziges Mal versäumte er seinen Abendspaziergang, wegen der Lektüre von Rousseaus *Émile oder über die Erziehung* und erklärte dazu ergriffen: «Rousseau hat mich zurechtgebracht», denn «ich lerne die Menschen ehren.» Kant nannte Rousseau sogar den «Newton der sittlichen Welt». Dieser Erziehungsroman zeigt ein Modell, wie sich die in einem Menschen angelegte Natur Schritt für Schritt wesensgemäss entfalten lässt und lehrt die Verinnerlichung des Gemeinwillens (*volonté general*) als Gewissen.

Rousseau wurde in Genf geboren, doch die Mutter überlebte seine Geburt nur wenige Tage, was Rousseau später mit den Worten kommentierte: «Ich kostete meiner Mutter das Leben, und meine Geburt war mein erstes Unglück.» Dank der sorgsamen Erziehung seines Vaters, eines Uhrmachers, lernte er früh das Lesen, das ihm zur Leidenschaft wurde und wodurch er eine überschwängliche Empfindsamkeit ausbildete. Als Rousseau zehn Jahre alt war, floh sein Vater ohne ihn aus Genf, und Jean-Jacques kam in der Folge in die Obhut mehrerer Personen. Mit 16 liess er schliesslich Genf ganz hinter sich und brach auf in die Welt. Unter dem Einfluss der 28jährigen, zum Katholizismus konvertierten Calvinistin Francoise-Louise de Warens in Savoyen, zu der er als nächstes gelangte, trat er zum Katholizismus über. Danach folgten abenteuerliche Wanderjahre, die ihn zu ihr, die ihm in der Jugend Mutter und Geliebte war, zurückführten. Dann wurde ihm klar, dass Theologie nicht seine Sache ist. Nun spürte er seine Liebe zur Musik und beschloss, Musiker zu werden; er vertiefte sich sehr in die Musik, und nachdem Jean-Jacques Madame Warens 1742 endgültig verlassen hatte und zuerst nach Lyon und dann nach Paris gegangen war, liess er sich dort ein von ihm entwickeltes Notensystem patentieren, hatte mit der Erfindung jedoch keinen Erfolg.

Noch während seiner Zeit in der Nähe von Madame de Warens spielte eine Episode, die Rousseau sogar mit dem Schloss Münchenwiler bei Murten, das damals der Familie von Graffenried gehörte, in Verbindung brachte. Im Buch IV des ersten Teils seiner *Bekenntnisse* schildert er die kurze, aber sein Blut in Wallung bringende Bekanntschaft mit Fräulein von Graffenried so:

> Ich vernahm hinter mir Pferdegetrappel und Stimmen von Mädchen, die in Verlegenheit schienen, aber trotzdem herzlich lachten. Ich drehte mich um, man nennt mich beim Namen, ich komme näher, ich finde zwei mir bekannte junge Mädchen, Fräulein von Graffenried und Fräulein Galley, die keine besonders guten Reiterinnen waren, ihre Pferde nicht über den Bach zu bringen wussten. Fräulein von Graffenried war eine junge, sehr liebenswürdige Bernerin, die wegen einiger Jugendtorheiten ihre Heimat hatte verlassen müssen und es Frau Warens nachgetan hatte, bei der ich sie einigemalen getroffen.

Rousseau hilft den Damen und führt die Pferde durch den Bach, diese zwingen ihn nun aufzusitzen und mitzukommen. Die Anmerkung, dass sie an diesem Tag auf dem Schloss allein seien, hat auf Jean-Jacques die geschilderten Folgen: «Die Wirkung der Elektrizität ist nicht schneller, als die dieser Worte auf mich war. Als ich auf das Pferd des Fräuleins von Graffenried sprang, zitterte ich vor Freude, und als ich sie umfassen musste, um mich zu halten, klopfte mir das Herz so stark, dass sie es bemerkte.» Später fährt er fort: «Ich hätte es als ein Glück betrachtet, Fräulein von Graffenried zur Geliebten zu haben», doch leider wurde nur eine eintägige, unschuldige Ménage à trois daraus. Sonst wäre vielleicht aus dem Genfer ein Berner geworden – und die Weltgeschichte wäre anders verlaufen.

1743/1744 konnte er in Venedig als französischer Botschaftssekretär arbeiten, wo er den Plan eines grossen Werkes mit dem Arbeitstitel *Institutions politiques* fasste.

Zurück in Paris lernte er 1745 die Wäscherin Thérèse le Vasseur kennen, seine aus einfachsten Verhältnissen stammende Frau, mit der er zunächst eine feste Beziehung hatte und die er schliesslich 1768 heiratete. Er hatte fünf Kinder mit ihr, die er alle im Waisenhaus aufziehen liess, weil er zu jener Zeit kaum Geld verdiente und Therèse den grössten Teil des Familieneinkommens bestritt, das aber für Kinder nicht ausreichte. Die Kindsaussetzung war ein alltägliches Phänomen jener Zeit in den romanischen Ländern, in Genf und dem Tessin. In Mittel- und Nordeuropa findet es sich fast nicht. Es gab entsprechende Aufnahmeinstitutionen, auch mit der Möglichkeit, Kinder anonym abzugeben. Natürlich wurde gerade dieses Verhalten den eigenen Kindern gegenüber als Argument gegen Rousseaus pädagogische Kompetenz angeführt.

Rousseau arbeitete als Sekretär bei einer Adelsfamilie und machte Bekanntschaft mit allem, was in Paris Rang und Namen hatte. Zu seinen Freunden und Bekannten gehörten der Baron d'Holbach, Denis Diderot, Jean-Baptiste le Rond d'Alembert und Étienne de Condillac. Denis Diderot beauftragte ihn, in der *Encyclopedie* Beiträge über Musik, den Artikel über die Sonate und den über die Ökonomie zu schreiben. Rousseau war sehr tätig in dieser Zeit, er schrieb auch eine Oper und ein Singspiel.

Rousseau war ein Mensch ohne Wurzeln, der einen Spagat versuchte zwischen den unterschiedlichsten gesellschaftlichen Gruppen und Kräften und der daran als Mensch überwiegend scheiterte. Doch dieses wiederholte Scheitern setzte er um in kreative Impulse, aus denen seine so bedeutsamen Werke entstanden. Rousseau setzte sich ab vom calvinistischen Besser-sein-Wollen, dem Antrieb, der seiner Heimatstadt Genf und ihren Bürgern zum insbesondere ökonomischen Erfolg verholfen hatte, denn ihm war es wichtig, anders zu sein, widerständig. Er blieb ein Suchender, sein Leben lang. Das Gefühl, angekommen zu sein, angenommen zu werden in seiner widerständigen Eigenart, hat er von einzelnen Menschen zwar gekannt, aber nur auf dem Hintergrund einer überwiegenden Ablehnung durch die Mehrheit.

Seine Karriere als Philosoph begann 1750, als er die Frage der Akademie von Lyon, ob die Wiederherstellung der Wissenschaften und Künste zur Läuterung der Sitten beigetragen hätte, im *Discours sur les sciences et arts* mit einem klaren Nein beantwortete und die These entwickelte, der Naturzustand des Menschen liege in einer nichtentfremdeten Frühzeit, zu deren Niedergang der Aufschwung der Künste und Wissenschaften beigetragen habe. Hauptgründe dafür seien die Arbeitsteilung und der Privatbesitz. Unerwarteterweise gewann er den Preis und wurde berühmt. Rousseau empfahl sich also gleich zu Beginn als kritischer Stachel im Fleisch der Aufklärung, der dieser und ihrer fortschrittsgläubigen Grundhaltung den Spiegel vorhielt.

1753/1754 entwickelte er seine sozialkritischen Gedanken in mehreren Streitschriften weiter. Diese wurden zusammengefasst in *Über den Ursprung und die Grundlagen der Ungleichheit unter den Menschen*, 1755, sein wahrscheinlich philosophischstes Werk. Er entwickelt hier einen hypothetischen sprachlosen und asozialen Naturmenschen, der durch Zufälle und Katastrophen dazu gezwungen wird, seinen Naturzustand zu verlassen und sich zu vervollkommnen. Rousseaus Gedanken sind immer Kritik der herrschenden Ungleichheit. Geschichte ist nicht mehr Selbstentfaltung des Menschen.

1761 veröffentlichte er den Liebesroman *Nouvelle Héloïse*, der ein grosser Erfolg wurde, da er Moral und leidenschaftliches Gefühl gegen die Konventionen setzte und die lyrische Seite der Natur entdeckte. In diesem Roman, der am Genfersee und in den Walliser Alpen spielt, zeigt sich aber nicht nur seine Naturverbundenheit deutlich, sondern auch seine Liebe zur Schweiz, v. a. zu ihrer Landschaft. Der verbreitete Roman hatte daher auch die Wirkung, den frühen Tourismus in der Schweiz zu fördern.

In dieser Zeit war Rousseau in einer Phase intensiver philosophisch-schriftstellerischer Tätigkeit. Bereits ein Jahr später beendete er die Arbeit an seinem Erziehungsroman *Émile* und am staatsphilosophischen Grundlagenwerk *Du Contrat Social.* Der *Gesellschaftsvertrag* ist eines der einflussreichsten Werke der Staatsphilosophie und auch für die Französische Revolution sehr wichtig gewesen. In ihm wird Staatsbildung als freiwillige Assoziation von Individuen zugunsten eines Gemeinwillens, des *volonté général*, der die Selbsterhaltung aller gewährleistet, beschrieben. In diesem erkennen die Bürger auch ihren eigenen Willen wieder. Sie erwerben die «wahre Freiheit, die in der Bindung aller an das Gesetz» besteht, das sie sich selbst gegeben haben und gewinnen so eine höhere Gleichheit, indem sie auf die Gleichheit des Naturzustands verzichten. Beide Werke wurden in Genf öffentlich verbrannt, und die darin zu findenden Gedanken lösten nun sowohl eine Welle grenzenloser Bewunderung als auch massloser Kritik und Verfolgung aus.

Nun begann für Rousseau ein ruheloses Exil, zunächst in der Schweiz, wo er dreimal verjagt wurde, dann bei David Hume in England, mit dem er sich jedoch – wie mit so vielen anderen – nach einiger Zeit überwarf. 1770 kehrte er mit seiner Frau nach Paris zurück. In dieser Zeit entstanden die *Confessions* und die *Träumereien eines einsamen Spaziergängers.*Letztere bezogen sich auf seine glücklichen sechs Wochen auf der St. Petersinsel im Bielersee. Rousseau galt als authentische, nonkonformistische und schwierige Persönlichkeit, und seine Philosophie wurde von vielen Denkerinnen und Denkern seiner Zeit bewundert, da sie neue Perspektiven eröffnete.

Johann Heinrich Lambert (1728–1777)

Während Rousseau bis heute weltbekannt ist, ging ein anderer genialer Philosoph aus der Schweiz, der in dieser Zeit lebte, beinahe vergessen, Johann Heinrich Lambert. Seine Familie stammte aus Lothringen und liess sich in Mülhausen nieder, wo sie sich zu ihrem calvinistischen Glauben bekennen konnte. Mülhausen (heute Mulhouse) gehörte damals zur Schweiz und Lambert bezeichnet sich in jungen Jahren als «Mülhusino-Helveticus», später dann eher als «Weltbürger». Johann Heinrich war eines von sieben Kindern eines Schneiders und besuchte die Schule bis zum 12. Lebensjahr. Danach arbeitete er in der Werkstatt des Vaters, nutzte jedoch jede Gelegenheit zum Lernen. Ab 15 Jahren konnte er mehr zum Unterhalt der Familie beitragen: Wegen seiner schönen Schrift konnte er nämlich als Schreibkraft im Büro einer Eisenhütte arbeiten. Zwei Jahre später wurde er vom Herausgeber der Basler Zeitung als Sekretär angestellt. Hier hatte er die Möglichkeit, vieles zu lesen, das ihn interessierte, über Mathematik, Astronomie oder Philosophie. Mit zwanzig Jahren vergrösserte sich diese Möglichkeit noch mehr, als er nach Chur übersiedelte, um dort als Erzieher beim Grafen Peter von Salis tätig zu werden. Dort hatte er sich um den elfjährigen Enkel des Grafen, dessen gleichaltrigen Cousin und einen siebenjährigen Jungen zu kümmern. Hier stand ihm allerdings auch eine reich ausgestattete Bibliothek zur Verfügung. In seiner Freizeit baute er ein astronomisches Messgerät und nahm dann in Chur Kontakt zu einem Gesprächskreis auf, in dem neue wissenschaftliche Erkenntnisse diskutiert wurden. Bald wurde er in die Literaturgesellschaft von Chur aufgenommen und in die in Basel ansässige Schweizer *Société scientifique* gewählt. Ein erster Beitrag erschien 1755 in den *Acta Helvetica* über die Theorie der Wärme. 1756 begab er sich mit den beiden inzwischen 18jährigen Schützlingen nach Göttingen. Als zu Beginn des Siebenjährigen Krieges französische und österreichische Truppen Göttingen besetzten, musste Lambert seine Studien dort abbrechen. Die Kontakte zur Göttinger Akademie der Wissenschaften, in die er aufgenommen worden war, pflegte er allerdings weiter. Mit den Jugendlichen reiste er nach Utrecht und von dort in andere niederländische Städte. In Den Haag erschien 1758 Lamberts erstes Buch, in dem er die Ergebnisse seiner Experimente zum Durchgang von Licht durch verschiedene Medien darstellte. Seine Reise beendete er mit Besuchen in Paris und kehrte über Marseille, Nizza, Turin und Mailand nach Chur zurück. Nach astronomischen Beobachtungen in Zürich reiste er nach Augsburg, wo er 1760 zwei Bücher zur Fotometrie veröffentlichte. In den USA ist heute noch *Lambert* das Mass für Leuchtdichte.

Diese Biografie zeigt eine relativ typische Anfangsphase der Karriere eines Akademikers jener Zeit: die des sogenannten Hauslehrers. Dass eine solche Stelle so einen Umfang wie bei Lambert annahm, ist zwar ungewöhnlich, aber sie wirkte sich sicher auch sehr förderlich auf seine didaktischen Fähigkeiten aus.

1760 empfahl Leonhard Euler ihn als Professor für Astronomie für eine Stelle in St. Petersburg beim preussischen König, doch die Stelle wurde nicht besetzt. 1762 erhielt Lambert dann den Auftrag, in München eine *Bayerische Akademie der Wissenschaften* einzurichten (nach dem Vorbild der *Preussischen Akademie* in Berlin), doch nach Querelen mit anderen Projektmitgliedern gab er den Posten auf. 1761 sind seine *Cosmologischen Briefe* erschienen, in denen er seine Vorstellungen über den Aufbau des Weltalls entwickelt. Zwar war Lambert bis hierhin fast nur als Naturwissenschaftler in Erscheinung getreten und man fragt sich vielleicht, was er in einem Buch über die Philosophiegeschichte zu suchen hat. Aber man sollte nicht vergessen, dass auch Immanuel Kant 1755 eine *Allgemeine Na-*

turgeschichte und Theorie des Himmels veröffentlicht hat, bevor er ganz in die Philosophie wechselte. Beide Bereiche waren damals nicht so getrennt wie heute.

Nachdem auch Friedrich II. die wissenschaftlichen Fähigkeiten Lamberts erkannt hatte, konnte dieser als Mitglied der physikalischen Klasse der Akademie der Wissenschaften in Berlin arbeiten. In den verbleibenden 12 Lebensjahren publizierte er über 150 Schriften, die von der Akademie herausgegeben wurden.

In Leipzig gab Lambert 1764 seine philosophische Abhandlung *Neues Organon* in Druck. Diese und seine übrigen Schriften zur Philosophie und Logik beeindruckten Immanuel Kant dermassen, dass er ihn als Mann von «entschiedener Scharfsinnigkeit und Allgemeinheit der Einsichten» bezeichnete. Kant beabsichtigte, seine *Kritik der reinen Vernunft* Lambert zu widmen, unterliess dies aber, als Lambert vor deren Veröffentlichung starb. Wer das *Neue Organon* kennt, ist von der gut nachvollziehbaren Klarheit der Argumentation und Sprache, die nicht bei allen Philosophen die Regel ist, überrascht und wünscht sich, man würde sich allgemein mehr daran halten. Gleich zu Beginn heisst es: «*Eine Sache begreifen* heisst sich selbige vorstellen können, und zwar so, dass man die Sache für das ansieht, was sie ist, dass man sich darein finden, sich darnach richten, sie jedesmal wieder erkennen kann etc.»[4]

Julie Bondeli (1732–1778) – «Platon im Rock»

In der Zeit der Aufklärung spielten einige Frauen im gesamten Kulturbereich eine nicht zu unterschätzende Rolle. Insbesondere die Institution der Salons, regelmässig stattfindenden literarischen und philosophischen Gesprächskreisen rund um meist weibliche, inspirierende und die gegenseitige Unterhaltung fördernde Gastgeberinnen, bot Frauen eine Möglichkeit des anerkannten öffentlichen Auftretens, bei dem sie Kontakt mit den gelehrtesten Köpfen ihrer Zeit hatten.

Die Berner Patrizierin Julie Bondeli wollte bereits mit 15 Jahren Philosophin werden, nachdem sie mit 11 Jahren ein Jahr lang vom aus Bümpliz stammenden und 1749 in Bern wegen angeblicher Verschwörung hingerichteten Samuel Henzi unterrichtet worden war. Die sogenannte Henzi-Verschwörung richtete sich vor allem gegen die Konzentration der Macht in den Händen von immer weniger Familien in Bern, wodurch alle anderen Berner Bürger und aristokratischen Familien für immer von politischen Mitwirkungsmöglichkeiten ausgeschlossen wurden. Das Ancien Régime in Bern machte die Stadt und den Kanton politisch und geistig nicht gerade zum vorteilhaftesten Ort für inspirierenden Austausch, neue Anregungen und Entwicklungen.

Dennoch wurde Bondeli hier zu einer der bedeutendsten Intellektuellen und Salonnieren ihrer Zeit und war eine der geistvollsten Frauen des 18. Jahrhunderts. Ihre Briefe und Tagebücher (die gesamte Korrespondenz ist auf Französisch) sind wertvolle kulturgeschichtlich Quellen. Bondeli galt unter europäischen Gelehrten als weibliches Genie. Zu ihrem Freundes- und Gesellschaftskreis zählten Persönlichkeiten der Aufklärung wie Wieland, Rousseau, Zimmermann, Lavater, Leuchsenring, Usteri oder Sophie Laroche u. a. Sie zeichnete sich durch reiche Kenntnisse und grosse Belesenheit aus.

Bondeli wurde in gelehrten Kreisen bekannt durch ihre Rezensionen in Briefform über Rousseaus *Nouvelle Héloïse.* Das führte dazu, dass an Rousseau interessierte Durchreisende oft einen Abstecher nach Köniz bei Bern machten, um die Autorin dort kennenzulernen und einen ihrer Salons zu besuchen. Rousseau, mit dem sie korrespondierte und den sie in Môtiers und Neuenburg persönlich traf, meinte, sie vereine Voltaires Feder mit Leibniz' Kopf.

Obwohl sie sich auch in Bern für Rousseau eingesetzt hatte, wurde dieser schliesslich von der Berner Regierung von der St. Petersinsel vertrieben, nachdem sich auch der konservative und sehr gläubige Universalgelehrte und bekannte Berner Naturwissenschaftler Albrecht von Haller im Sinne dieser Vertreibung eingesetzt hatte.

Christoph Martin Wieland, der als Hauslehrer nach Bern gekommen war, hatte sich in Julie verliebt und hoffte auf mehr, doch diese war der Vorstellung, ein Leben an der Seite eines Mannes zu führen, nicht zugetan. Das sei ihr auch mit dem besten Mann unvorstellbar.

Sie verfocht die These, das Denken, das Empfinden und die Leiblichkeit seien eng miteinander verbunden: «Warum nicht dem Wechsel der Jahreszeiten und der damit verbundenen Ernährungsweise Rechnung tragen und seine Lektüre danach richten?» Sie unterscheidet das auseinandersetzende, analytische Denken, «la raison», und den entwerfenden, synthetisch das Allgemeine denkenden «l'esprit». Beide sind für die Erkenntnis, das Urteil und das Moral-Empfinden notwendig. Das moralische Empfinden sei in der Lage, alle Umstände einer relevanten Tatsache sozusagen mit einem Blick in ein unmittelbares Ganzes zu fassen. So argumentiert sie in ihrer Abhandlung *Ueber den moralischen Takt und den Beobachtungsgeist.*

Wenn sie aufgeklärte Patrizier, kultivierte Aristokratinnen, gebildete Bürger und ausländische Gelehrte ins Könizer Buchsigut, den damaligen Hauptsitz der Familie, einlud, kamen sie gern, so dass ihr Salon Ende der 1750er, anfangs der 1760er Jahre zu einem Zentrum des aufgeklärten Bern wurde. Nachdem 1767 ihre Mutter gestorben war und sie das Buchsigut aufgeben musste, zog sie zu ihrer Freundin Marie-Frederique-

Anne de Sandoz nach Neuenburg. Die letzten zwei Jahre bis zu ihrem frühen Tod fühlte sie sich im «im Königreich der Maulwürfe». Bereits als Kind hatte sie sich das Jenseits als grosse Bibliothek vorgestellt, und im August 1778 verlegte sie ihren Wohnsitz dorthin.

Julien Offray de la Mettrie (1709–1751)

Man wird vielleicht verblüfft sein, diesen Arzt und Philosophen, der sein Leben in St. Malo in Frankreich begann und in Berlin beschloss, unter der Philosophie in und aus der Schweiz zu finden. Dennoch habe ich einen guten Grund, ihn hier aufzuführen und so noch einmal darauf hinzuweisen, dass eine Zuordnung von Philosophen und Philosophinnen zu Ländern zwar fragwürdig, aber wenn man sie mit einem Quäntchen Humor mal ernst nimmt, auch lehrreich sein kann. Und gerade diesem Argument gegenüber hätte sich de la Mettrie sicher aufgeschlossen gezeigt.

Denn welcher bedeutende Aufklärer welche Nationalität hatte, ist nun mal nicht selten müssig festzulegen: Lambert war zwar Schweizer, doch seine Familie stammte aus Lothringen und sein Geburtsort gehört heute nicht mehr zur Schweiz, Rousseau war Genfer Bürger, sah sich als Schweizer, doch verliess diese früh, ging nach Paris, wurde später verfolgt und erlangte dann sogar die preussische Staatsbürgerschaft während seines Aufenthalts im Kanton Neuenburg, der dazumal zum Reich Friedrichs des Grossen gehörte, und ruht inzwischen im Pariser Pantheon neben Voltaire, der ihn zeitlebens bekämpfte. Voltaire war natürlich Franzose, wurde dort aber verfolgt und zog sich für zwanzig Jahre in die Schweiz zurück, wobei Ferney, wo er sein Schloss hatte, damals zur Schweiz gehörte, heute aber zu Frankreich. De la Mettrie hingegen wird hier erwähnt, weil dem damaligen Feldarzt seine entscheidende Idee im schweizerischen Fribourg kam.

Er nahm damals, und zwar von 1743 bis 1745, als Feldarzt am Österreichischen Erbfolgekrieg teil und erlitt im Feldlager vor Fribourg einen heftigen Fieberanfall, unter dessen Eindruck er seine erste materialistische Schrift, die *Histoire naturelle de l'âme* (1745; *Naturgeschichte der Seele*), verfasste, in der das Eigenleben der Seele bestritten und der Geist als Funktion der Materie gedeutet wird. War sein Materialismus also eine Idee, die im Krieg im Fieberwahn im Kanton Fribourg geboren wurde? Offenbar, doch erlaubte ihm diese Erfahrung auch den Sprung über den geistigen Graben, den bedeutendere Ärzte und Naturwissenschaftler seiner Zeit wie Albrecht von Haller, nicht zu tun in der Lage waren, obwohl viele ihrer eigenen Entdeckungen ihn nahelegten. De la Mettrie griff darum in Theaterstücken die veraltete Medizin seiner Zeit an und schrieb 1747 *L'homme machine*, worin er den Menschen rein physiologisch als sich selbst steuernde «lebende Maschine» auffasst, den Dualismus von Leib und Seele sowie die Willensfreiheit abermals leugnet sowie Mensch und Tier auf eine Stufe stellt. Mit diesem Hauptwerk stellte er sich endgültig ausserhalb des damaligen Zeitgeistes, der den Materialismus allenfalls als Spinnerei oder bestenfalls Gedankenspielerei dulden, aber keineswegs ernst nehmen konnte.

So wurde er daraufhin überall verfolgt und floh an den Hof Friedrichs des Grossen, wo er noch vier Jahre lebte, aber nicht sehr geschätzt wurde. Selbst Voltaire, der zu dieser Zeit auch an Friedrichs Hof weilte, intrigierte gegen ihn. De la Mettries brisanter *Discours sur le bonheur* (1750; *Über das Glück oder das höchste Gut*), der das System Epikurs, die Kunst des Geniessens, predigt und vor nutzloser Reue warnt, durfte auch dort nicht als eigenständige Abhandlung, sondern nur als Einleitung zu einer Seneca-Übersetzung erscheinen.

Dass man wegen dieses folgenreichen Fieberanfalls die Schweiz nun als Wiege des Materialismus zu sehen begänne, wäre zwar überzogen. Aber während andere offen oder verdeckt die Ansicht vertraten, dieser habe ihn zu Wahnideen verleitet, war er selbst diesbezüglich ganz anderer Meinung:

> Ich möchte auch ein zweites Mal nur so leben, wie ich gelebt habe; bei gutem Essen, in guter Gesellschaft, die Freunde, das Kabinett, die Galanterie; meine Zeit immer aufteilen zwischen den Frauen, dieser zauberhaften Schule der Grazien, Hippokrates und den Musen; stets sowohl Feind der Ausschweifungen wie Freund der Wollust; schliesslich ganz und gar jener zauberhaften Mischung aus Weisheit und Wahnsinn ergeben, die, sich gegenseitig anregend, das Leben angenehm, gewissermassen prickelnder machen. (De la Mettrie, Système d'Epicure, S. 380.)

François Marie (Arouet) Voltaire (1694–1778)

Voltaire war ein, wenn nicht *der* Propagandist der Aufklärung, ihm lag jedenfalls viel daran, sie zu befördern. Er schrieb mit ironisch-sarkastischem Stil und eckte wegen seiner Kritik an Staat, Kirche und Gesellschaft häufig an. Obwohl er in Paris geborener Franzose war, war er darum für etliche Zeit gezwungen, ausser Landes zu leben. Ab 1559 lebte er in einem Schloss in Ferney bei Genf (damals zur Schweiz, heute zu Frankreich gehörig) und setzte sich für die Aufhebung der Leibeigenschaft im Jura und leichtere Lebensbedingungen der Bauern ein. Sein Spezialfeind wurde die Religion: Die Verbindung von geistlicher und weltlicher Macht und die damit verbundene Willkür prangerte er wieder und wieder an. So wurde er bald auch als «Verteidiger der Unglücklichen» und «Befreier der Unterdrückten» gesehen. Sein Nachruhm beruht v. a. auf den *Lettres philosophiques*, einer Abrechnung mit den damaligen Zuständen in Frankreich. Im *Candide* aus dem Jahr 1759 wird deutlich, dass das Erdbeben von Lissabon (1755, bis zu 100'000 Tote) den Glauben an einen göttlichen Weltplan oder gar die Leibnizsche Überzeugung, wir lebten in der besten aller möglichen Welten, endgültig ad absurdum geführt hat: Der Optimistenwahn zeigt sich als ein lächerliches Konstrukt. Dennoch bleibt auch Voltaire davon überzeugt, dass der Mensch ein Wesen ist, das sich und die Welt immer weiter vervollkommnen kann. So hält er schriftlose Kulturen für minderwertig (Afrikaner hielt er z. B. lange Zeit für dumme Tiere, jedenfalls für eine von den übrigen Menschen unabhängige Spezies), aber alle Kulturen sind perfektibel und können somit irgendwann die Stufe seiner eigenen Kultur zur Zeit der Aufklärung erreichen. Die chinesische Kultur stellte für ihn, wie auch für andere Denker seiner Zeit, das Ideal der Ausgewogenheit von Natur und Vernunft dar. Der Glaube an die Perfektibilität ist eine Grundüberzeugung der meisten Aufklärer.

Vor diesem Hintergrund konnte Voltaire mit Rousseaus Philosophie und seinem Lob des nichtentfremdeten Naturmenschen wenig anfangen, obwohl beide gleichermassen zu geistigen Vätern der Französischen Revolution wurden.

Johann Georg Sulzer (1720–1779)

Johann Georg Sulzer wurde als 25. Kind des Ratsherrn Heinrich Sulzer in Winterthur geboren. Seine Eltern starben 1734, wonach er 1736 bei einem Zürcher Prediger in Pension kam. Sulzer studierte Theologie, Philosophie, Mathematik und Botanik. Zu literarischen und ästhetischen Studien regten ihn seine Lehrer Johann Jakob Bodmer (1698–1783) und Johann Jakob Breitinger (1701–1776) an. Nachhaltig prägten ihn auch die Schriften von Christian Wolff und Leibniz. Nach Hauslehrertätigkeiten in Zürich 1740 und einem Vikariat 1741 in Maschwanden wurde Sulzer 1743 Hofmeister in Magdeburg. Der dort entstandene Kontakt zum Berliner Hofprediger August Friedrich Sack (1703–1786) und die bei einer Berlinreise 1745 geknüpften Verbindungen zu Leonhard Euler (1707–1783) und Pierre-Louis Moreau de Maupertuis (1698–1759) sowie zum Aufklärungsdichter Johann Wilhelm Ludwig Gleim (1719–1803) förderten 1747 seine Berufung zum Professor für Mathematik am Berliner Joachimsthalschen Gymnasium, einer preussischen Eliteschule.

Sulzer, seit 1750 Mitglied der Berliner Akademie der Wissenschaften, stieg in den folgenden Jahren zu einer zentralen Figur des öffentlich-wissenschaftlichen Lebens der Stadt auf. Er engagierte sich in zum Teil energisch geführten Debatten v. a. um die Leibnizsche Monadologie. Nach dem Tod seiner Frau ging er 1763 nach Zürich zurück. Allerdings bewog ihn die Ernennung zum Professor für Philosophie an der neugegründeten *École militaire* 1765 zur Rückkehr nach Berlin. König Friedrich II. betraute ihn in der Folge mit verschiedenen Aufgaben im Schulwesen.

Vor allem im Bereich der Philosophie wurde Sulzer bedeutsam durch seine enzyklopädisch angelegte ästhetische Hauptschrift *Allgemeine Theorie der schönen Künste.*[5] Hierin zeigt er sich in der Tradition seiner Schweizer Lehrer Bodmer und Breitinger als Vertreter einer moralisierenden Ästhetik. Der Zentralbegriff hierfür ist die Empfindung, von der Sulzer schreibt:

> In moralischem Sinn ist die Empfindung ein durch öftere Wiederholung zur Fertigkeit gewordenes Gefühl, insofern es zur Quelle gewisser innerlicher oder äusserlicher Handlungen wird. So sind Empfindungen der Ehre, der Rechtschaffenheit, der Dankbarkeit, Eindrücke, die gewisse Gegenstände so oft auf uns

> gemacht haben, dass sie, wenn ähnliche Gegenstände wieder vorkommen, schnell in uns entstehen und sich als herrschende Grundtriebe der Handlungen äussern.

Da also Empfindungen als rein psychologische Phänomene sich verstetigen können und so Grundlage von Haltungen und Handlungen werden, haben sie Relevanz als ethische Motivationen. Das Schöne und die Künste verleihen für Sulzer den zentralen Begriffen und Prinzipien der Moral eine dem breiten Publikum zugängliche, nachempfindbare Anschauung und fördern somit die sittliche Vervollständigung des Menschen besser als theoretisch-philosophische Abhandlungen – allerdings nur, sofern die Kunst strengen, von der Vernunft auferlegten Regeln unterworfen wird. Sulzer schreibt hierzu:

> Der allgemeine Grundsatz für die Wahl der Materie ist dieser: Der Künstler wähle Gegenstände, die auf die Vorstellungs- und Begehrungskräfte einen vorteilhaften Einfluss haben; denn nur diese verdienen uns stark zu rühren und unvergesslich gefasst zu werden, alles andere kann vorübergehend sein. Man würde diesen Grundsatz unrecht verstehen, wenn man ihn so einschränken wollte, dass die Kunst keinen anderen als unmittelbar sittlichen Stoff bearbeiten solle: er verbietet dem Künstler nicht, eine Trinkschaale oder etwas dieser Art zu bemalen; sondern befiehlt ihm nur, nichts darauf zu malen, das nicht irgend einen vorteilhaften Eindruck, von welcher Art er sei, mache. (Allg. Theorie der schönen Künste/Künste/Theorie der Sinnlichkeit; https://www.textlog.de/7476.html)

Künstler haben sich also in der Auswahl des von ihnen Dargestellten zu beschränken auf das, was das allgemeine sittliche Empfinden fördert. Diese enge Verbindung von Ästhetik und Ethik widersprach allerdings den Autonomiebestrebungen der Kunsttheorie seiner Zeit und trug Sulzer die scharfe Kritik Herders, Goethes und führender Vertreter des *Sturm und Drang* ein. So gelang es Sulzer weder, eine ästhetische Schule zu begründen noch nachhaltig auf den Fortgang kunstphilosophischer Debatten einzuwirken. Sein mehrfach aufgelegtes Werk stiess v. a. in interessierten Laienkreisen auf weite Verbreitung. Zentrale Forderungen der in der aufklärerischen Tradition stehenden pädagogischen Schriften Sulzers waren die Erziehung zum selbstständigen Denken als wichtigstes Ziel des Unterrichts sowie die Rücksichtnahme auf die Fähigkeiten des Schülers bei der Auswahl der Lerninhalte und -methoden.

4. Die Schweiz als Wiege der Pädagogik im 18. Jahrhundert

Auch Anna Tumarkin, die Berner Philosophin in der ersten Hälfte des 20. Jahrhunderts, war der Auffassung, die schweizerische Philosophie habe etwas Pragmatisches, zum Pädagogischen Tendierendes. In ihr gelte implizit, dass man auch theoretischen Abhandlungen ihren Nutzen entnehmen können müsse. Wenn an dieser These etwas stimmt, so ist es sicher nicht falsch, die Schweiz als Wiege der Pädagogik zu bezeichnen: Mit Jean-Jacques Rousseau, Johann Heinrich Pestalozzi und Francesco Soave hat sie in diesem Bereich sogar in allen drei Landessprachen einen grundlegenden Vertreter. Und wer, wie die Denker der Aufklärung, überzeugt war, dass Vernunft und eigenständiges Denken wichtig seien für die Entfaltungsmöglichkeiten des Einzelnen und den Aufbau des Staates, der kam unweigerlich zu der Frage, ob denn der Mensch einfach von Natur aus so vernünftig sei und wenn nicht, wie denn diese im Menschen sich heranbilde und zu fördern sei. Die Idee Rousseaus, dass es von frühester Kindheit an verschiedene Entwicklungsphasen gebe, in denen diese Fähigkeiten auf je andere, dem entsprechenden Entwicklungsschritt angemessene Weise zu fördern seien, regte das anthropologisch-pädagogische Denken am meisten an. Vielleicht aber noch bedeutsamer war sein Gedanke, der Mensch sei von Natur aus gut, denn das bedeutete für die Pädagogik, dass ihr Gegenstand v. a. Bildung und Förderung des bereits Vorhandenen im jungen Menschen war, nicht aber Unterdrückung des Sündhaften, Züchtigung, Zurichtung und Beibringen des Vorgegebenen.

Aber auch andere Fragen wie die nach der Entstehung und Bedeutung der Sprache für das Erkenntnisvermögen tauchten auf. Natürlich war den Pädagogen des 18. Jahrhunderts Johann Amos Comenius im 17. Jahrhundert bereits mit bemerkenswerter Klarheit vorausgegangen, aber erst ab der Aufklärung führte dies durch berühmte Denker, anthropologische Konzepte und engagierte Menschen wie Rousseau, Soave und Pestalozzi zu einer breiten Bewegung, in der Pädagogik als Unterstützung dabei verstanden wurde, Schritt für Schritt seine Menschlichkeit voll auszubilden.

Francesco Soave (1743–1806)

Der Tessiner Francesco Soave wurde zwar 1743 in Lugano geboren und ging dort zur Schule, doch danach trat er in den in der Region Pavia beheimateten Somasker Orden ein und wirkte fortan in Norditalien. Er studierte Philosophie und Theologie in Pavia und Rom. 1772 wurde Soave Lehrer für Moralphilosophie in Mailand. In Parma lernte er Etienne Bonnot de Condillac kennen, der in *Traité des systèmes* (1749) mit einem Gegenstand zufällig zusammenhängende Zeichen, natürliche Zeichen und künstliche oder bedingte Zeichen (Sprache und Schrift) unterscheidet. Erkenntnis bestehe in der richtigen Anwendung dieser Zeichen, durch die Zerlegung komplizierter Begriffe in

ihre einfachsten Elemente vermeide man Irrtümer. 1754 führte Condillac in *Traité des sensations* alle Funktionen der Seele (Gefühle, Wünsche, Willensakte) auf die ihnen zugrunde liegenden Empfindungen zurück. So wurden die Empfindungen selbst und das Erleben intellektualisiert: Der Verstand sehe mehr als das Auge, schrieb Condillac. Ausserdem ging er von der Unteilbarkeit von Denken und Sprache aus und erklärte die Sprachentwicklung aus Handlungen.
Warum ich hier so ausgiebig die Grundzüge von Condillacs Denken dargestellt habe? – Nun, dessen Ideen beeinflussten das Denken von Soave stark, und erst durch seine Impulse entwickelte Soave sich in mancher Hinsicht zu einem der Vorgänger von Umberto Eco. Soave setzte sich bei der österreichischen Regierung – denn einige Gegenden Norditaliens waren im 18. Jahrhundert zeitweise Teil des Habsburger Reiches – für die Realisierung eines öffentlichen Erziehungswesens ein. Er leitete mehrere Lehranstalten und arbeitete Lehrpläne aus. Spät in seinem Leben wurde er anerkannt: Napoleon ernannte ihn zum Mitglied des Istituto nazionale. 1803 erhielt er den Lehrstuhl für Ideengeschichte an der Universität von Pavia.

Soave hatte sich wie auch Herder an der Berliner Preisfrage über den Ursprung der Sprache beteiligt, die Herder gewann. Soave schrieb über viele Themen (sein Gesamtwerk umfasst 19 Bände). Bekannt geworden sind seine anthropologischen Reflexionen über den natürlichen Ursprung der menschlichen Gesellschaft und Erkenntnis.

Als Theoretiker der sich in einer natürlichen Entwicklung herausbildenden, aber auch vom Staat zu fördernden Erkenntnis war er ein wichtiger und engagierter Denker. Es sei Aufgabe des Staates, die sprachlichen Fähigkeiten der Menschen zu entwickeln, denn sie förderten die gesellschaftliche Stabilität. Leider blieb er im deutschsprachigen Bereich bis heute weitgehend unbekannt. Nur seine *Moralischen Novellen für die Jugend*, die ihn auch zu einem der Gründerväter des Kinderbuches machen, wurden in viele Sprachen, auch ins Deutsche, übersetzt und liessen ihm auch hier Anerkennung widerfahren. Der Zeichen- und Sprachtheoretiker, Anthropologe, Pädagoge und Philosoph blieb dort jedoch weitgehend unbekannt.

Johann Heinrich Pestalozzi (1746–1827)

Pestalozzi war ein Pädagoge und Sozialreformer, doch war er ein Philosoph? – Er studierte vornehmlich Jura und Theologie, und schloss alle Fächer – bis auf die Theologie – auch ab. Doch dieses Studium war nicht die Grundlage seiner weiteren Tätigkeit. Anschliessend ging er bei Johann Rudolf Tschiffeli in eine landwirtschliche Lehre und gründete in Birr so etwas wie eine landwirtschaftliche Versuchsanstalt, um mit neuen Gewächsen und Methoden der verarmten Bauernschaft ein Beispiel zu geben, wie ihre Situation zu verbessern wäre. Er heiratete Anna Schulthess und nannte ihren ersten Sohn Jean-Jacques (Hans Jakob). Er erzog ihn Rousseaus Lehre gemäss und scheiterte durch die rigorose Anwendung von Rousseaus Theorie kläglich, zumal Hans Jakob das Lernen schwerfiel. Trotz des Scheiterns beim eigenen Sohn liessen sich die Pestalozzis nicht davon abhalten, dem Pfad der angewandten Pädagogik weiter zu folgen: Sie nahmen 1773 ca. vierzig Kinder auf Gut Neuhof auf, um sie dort im Sinne einer *Wohnstubenerziehung* spinnen, weben und den kleinen Landbau zu lehren. Pestalozzi verband in der *Erziehungsanstalt für arme Kinder* praktische Arbeit mit Schulunterricht und sittlich-religiöser Erziehung in der *Bahn der Natur*, doch finanziell war das Projekt ein Desaster. Man merkt bereits hier, dass die im 19. Jahrhundert so akut werdende «Soziale Frage» der eigentliche Ausgangspunkt von Pestalozzis Engagement war und dass er eine sich an Rousseaus Prinzipien orientierende Pädagogik als einen Teil der Antwort darauf verstand.

In den folgenden Jahren begann er, seine Ideen und Erfahrungen literarisch und theoretisch zu verarbeiten. Einige der wichtigsten Schriften waren der erfolgreiche Roman *Lienhard und Gertrud* (4 Bände, 1781–1787; er setzte sich mit dörflicher Korruption und deren Beseitigung durch eine aufgeklärte Obrigkeit auseinander), *Die Abendstunde eines Einsiedlers* (1780), *Christoph und Else* (1782), *Gesetzgebung und Kindermord* (1783; hier trat er als Strafrechtsreformer auf), *Ja oder Nein?* (1793), *Meine Nachforschungen über den Gang der Natur in der Entwicklung des Menschengeschlechts* (1797; dieses Buch bezeichnete er als «Philosophie seiner Politik») sowie *Fabeln* (1797). Obwohl er zu diesem Zeitpunkt noch keine grösseren pädagogischen Erfolge vorweisen konnte, wurde er durch die Veröffentlichungen so bekannt, dass ihn die Französische Nationalversammlung sogar – als einzigen Schweizer – zum Ehrenbürger ernannte. Pestalozzi wurde Redaktor beim *Helvetischen Volksblatt*, einem Presseorgan der revolutionären Helvetischen Republik, und übernahm die Führung eines Waisen- und Armenhauses in Stans, was ihm grundlegende pädagogische Erfahrungen ermöglichte.

Um 1800 gründete er ein Erziehungsinstitut in Schloss Burgdorf, wo er endlich seine Erziehungsmethode entwickelte, mit anderen interessierten Pädagogen anwendete und sein Hauptwerk *Wie Gertrud ihre Kinder lehrt* schrieb. 1804 verlegte er das Institut nach Yverdon, entwickelte seine Methode weiter und veröffentlichte viel. Zunächst wurde das Institut sehr berühmt und sein Ruhm strahlte bis nach Russland und Amerika aus. Pestalozzis fehlende Organisations- und Führungsqualitäten führten nach und nach jedoch zu internen Streitigkeiten, die sich schliesslich um die Frage verdichteten, wer ehedem die Nachfolge von Pestalozzi antreten solle. Im Laufe der Jahre verlor das Institut so wichtige Mitarbeiter, wie z. B. Friedrich Fröbel aus Oberweissbach in Thüringen, auf den die Idee des *Kindergartens* zurückgeht und der 1810 das Institut verliess. Die sich steigernden Auseinandersetzungen unter der Lehrerschaft führten schliesslich, aber erst im Jahr 1825, dazu, dass das Institut in Yverdon scheiterte. Pestalozzi zog sich daraufhin wieder zurück auf Gut Neuhof.

Ihm ging es darum, im Sinne Rousseaus eine aufgeklärte Politik und eine aufgeklärte Erziehung zu schaffen. Um die gescheiterten Revolutionen neu und besser anzufangen, müsse das Wesen des Menschen anders bestimmt werden: Es gebe keine besonderen Tugenden des Mannes, der Frau, des Herrn oder des Knechts. Alle sind Mitglieder der Gesellschaft und auch Individuen, Naturwesen und sittliche Wesen. Individuelle und politische Befreiung müssen also zusammengehen: Jeder muss lebenslang um Befreiung ringen, sie kann einem nicht einfach geschenkt werden. Bei dieser gehe es nicht um Befreiung vom Naturzwang oder um Selbstbeherrschung. Es gibt keinen natürlichen Egoismus, sondern eine ursprüngliche Fähigkeit zu Wohlwollen und Liebe. Alle Menschen hassen die Gesellschaft eigentlich, da die nur eingerichtet ist, um sich gegen die anarchischen Ansprüche der Natur zu sichern. Was sich politisch sinnvollerweise erreichen lässt, ist allerdings ein Zustand, in dem jeder Einzelne die Möglichkeit hat, sich selbst zu erziehen.

Pestalozzi war eine interessante, eindrucksvolle und widersprüchliche Persönlichkeit, die das von Rousseau grundgelegte humanistisch-freiheitliche Erziehungsideal einer Bildung für alle, die vor allem auf der Anschauung als der Grundlage jedweder Erkenntnis beruhte, massgeblich prägte.

IV. 19. Jahrhundert

5. Die Philosophie nach der Französischen Revolution

Mit der Französischen Revolution war ein entscheidender Schritt des gesellschaftlichen Wandels eingeleitet, doch die engagierten staatsphilosophischen Überlegungen dauerten auch danach noch an, zumal die angestrebten Errungenschaften noch lange nicht vollständig und vor allem in vielen benachbarten Ländern noch nicht erreicht waren. Der Glaube an die Verbesserungsfähigkeit des Menschen und seiner Institutionen und damit neben dem Streben nach Gerechtigkeit die Hauptmotivation der Aufklärung war trotz der Bedenken von Rousseau und anderen noch mehrheitlich ungebrochen. Doch gerade in der am Anfang des 19. Jahrhunderts starke kulturelle Akzente setzenden Romantik wurde diese Skepsis und die Sehnsucht nach der verlorenen Einheit wirkmächtig – auch in der Philosophie. Durch die Französische Revolution, aber zum Teil auch die Romantik und ihre Denker inspiriert wuchs nun vor allem in Deutschland eine Generation neuer Philosophen heran, und der Deutsche Idealismus hatte auch Auswirkungen auf die Schweizer Philosophie.

In der Schweiz wirkten sich die Impulse der Französischen Revolution vergleichsweise schnell aus: Bereits 1798 kam es zunächst zu einer Revolution in der Waadt, unterstützt durch französische Truppen, dann folgte der Untergang des Ancien

Régime in Bern sowie der alten Eidgenossenschaft und die Gründung der Helvetischen Republik. 1803 werden die Kantone St. Gallen, Graubünden, Aargau, Thurgau, Tessin und Waadt und beim Wiener Kongress 1815 die Kantone Wallis, Neuenburg und Genf in den heutigen Grenzen geschaffen. Insbesondere im Mittelland werden 1830 liberale Verfassungen eingeführt und 1848 wird der Bundesstaat gegründet, zu einer Zeit, da ähnliche Versuche in Deutschland scheiterten und sich die Menschen wegen der allgemeinen politischen Restauration eher ins Private zurückzogen oder ins Exil gingen, gerade auch in die Schweiz. Einen ihren damaligen Möglichkeiten entsprechenden Anteil an der politischen Umgestaltung der Schweiz hatten auch die Philosophen Hegel und Troxler.

Germaine de Staël (1766–1817)

Germaine de Staël war das einzige Kind des Genfer Citoyens Jacques Necker und von Suzanne Curchod aus der Berner Waadt. Sie wuchs in Paris auf, wo der Vater eine Bank aufgebaut hatte und später französischer Finanzminister (1777–1781) und danach Regierungschef (1788/1789) geworden war. Im Salon der Mutter lernte sie bereits viele Autoren der Aufklärung persönlich kennen. Mit nur zehn Jahren war sie bereits erstmals länger in England und mit 15 befasste sie sich eingehend mit Montesquieus Hauptwerk *Vom Geist der Gesetze*, das neben Rousseau für ihre politische Orientierung bestimmend blieb. Durch den Vater hatte sie ausserdem früh Kontakt mit der Politik. 1786 heiratete sie den 17 Jahre älteren schwedischen Botschafter in Paris Erik Magnus Staël von Holstein, der aus einem westfälisch-baltischen Adelsgeschlecht mit schwedischem Zweig stammte. In der 14jährigen Ehe mit ihm bekam sie vier Kinder, das erste, Gustavine (* 1787), starb zweijährig und das letzte, Albertine (* 1797), stammte wohl von ihrem Geliebten Benjamin Constant. Sie lebte oft fern von ihrem Mann und war keine treue Gattin.

1789 sympathisierte Madame de Staël, wie viele liberale Adelige und Grossbürger, zunächst mit der Revolution. Ihr Salon war ein Treffpunkt der gemässigten Revolutionäre, und grosse Teile der ersten Verfassung von 1790 wurden dort ausgearbeitet. Auch in der Folgezeit versuchte sie den Gang der Dinge mitzubestimmen, und zwar über eine jedoch nicht sehr umfangreiche publizistische Tätigkeit und über die Einflussnahme auf wichtige Männer.

Als die Revolution sich jedoch 1792 radikalisierte und die Gemässigten ins Abseits gedrängt wurden und als Dissidenten in Lebensgefahr gerieten, versuchte sie im Juli, die königliche Familie zur Flucht zu bewegen, was die Königin allerdings ablehnte. Sie selbst floh im September auf ihr Schlösschen in Coppet (Schweiz), wo sie wenig später ihr drittes Kind, Albert, bekam. Schloss Coppet (vom Vater 1784 gekauft) diente ihr von nun an oft als Zufluchtsort für kürzere oder längere Aufenthalte, hier beherbergte sie auch andere Flüchtlinge und empfing Besuche von Zeitgenossen wie Chateaubriand oder Lord Byron.

Hier lernte sie 1794 den von seiner Frau getrennt lebenden Publizisten Benjamin Constant kennen. Mit ihm unterhielt sie eine langjährige, nervenaufreibende Beziehung, wobei der etwas jüngere Constant von ihrer Genialität und Vitalität fasziniert war, sich aber immer wieder aus ihrem Bann zu befreien versuchte. Nach dem Sturz Robespierres im Jahr 1794 kehrte sie 1795 mit Constant nach Paris zurück. Während er eine Karriere als vielbeachteter politischer Redner und Publizist begann, wurde sie schon bald von den neuen Machthabern des Direktoriums verdächtigt, Sympathisantin eines Aufstandes königstreuer Kräfte gewesen zu sein, wurde aus Paris verbannt und durfte erst Ende 1796 zurück. Unter Napoleon, dem sie anfänglich positiv gegenübergestanden hatte, wurde sie dann aber zunehmend isoliert. Die napoleonkritischen Denker wurden als *Groupe de Coppet* bezeichnet und umfassten Constant, Jean Léonard, Simonde de Sismondi, Amable Guillaume, Prosper de Barante, August Wilhelm Schlegel und Karl Viktor von Bonstetten. 1797 brachte sie in Paris ihr viertes Kind, Albertine, zur Welt, deren Vater wohl Constant war.

Madame de Staël wurde zu einer europaweit geachteten, selbst von Goethe übersetzten Literatin. Sie interessierte sich mehr und mehr für Deutschland. Sie lernte Deutsch und unternahm, z. T. mit Constant, eine halbjährige Reise durch Deutschland, wo sie in Weimar Wieland, Schiller und Goethe traf[6] und in Berlin August Wilhelm Schlegel, den sie zum Hauslehrer ihrer Kinder machte. Inspiriert von dieser Reise begann sie 1807 ihr langfristig wirksamstes Buch *De l'Allemagne*, das sie auch als philosophisch hochgebildete Frau zeigt, da sie sich differenziert nicht nur mit der deutschen Literatur, sondern auch mit der Philosophie auseinandersetzt.

Mit Schlegel trat sie 1804/1805 eine mehrmonatige Italienreise an und liess sich davon zum erfolgreichen Roman *Corinne ou L'Italie* inspirieren. Gegen Ende ihres Lebens kehrte sie nach dem Sturz des Kaisertums nach Paris zurück. 1816 verheiratete sie Albertine mit Victor de Broglie, dem späteren Präsidenten der Julimonarchie. Mit 51 Jahren erlitt sie einen Schlaganfall und starb darauf.

Man kann Madame de Staël als europäische Intellektuelle mit Schweizer Wurzeln bezeichnen, die die Eigenständigkeit der verschiedenen Kulturen als zusammengehörige Facetten schätzte und sich selbst v. a. als Pariserin fühlte.

Benjamin Constant (1767–1830)

> Unter den verschiedenen Systemen, die einander abgelöst, bekämpft und abgewandelt haben, scheint ein einziges mir das Rätsel unserer individuellen und gesellschaftlichen Existenz zu erklären, ein einziges geeignet zu sein, unserer Arbeit einen Sinn zu geben, unsere Forschungen zu motivieren, uns in unseren Ungewissheiten zu stützen und in Augenblicken der Mutlosigkeit wiederaufzurichten. Dieses System ist das der Perfektibilität des Menschengeschlechts. (Über die Perfektibilität des Menschengeschlechts, S. 399 f.)

Es ist diese Überzeugung, dass sich nämlich im Laufe der Zeit die Menschheit und die von ihr geschaffenen Lebensbedingungen verbessern, dass der Sinn der Aufklärung letztlich die fortschreitende Vervollkommnung des Menschen darstellt, zu der so viel wie möglich beizutragen unsere Aufgabe ist, der Constant ziemlich am Ende dieser Geistesepoche noch einmal zu vollem Glanz verhilft. Und selbst wir spätmodernen Skeptiker, deren Idealismus doch ziemlich verblasst ist, hoffen doch darauf, dass in dieser Überzeugung ein Fünklein Wahrheit stecken möge.

Constant fand, durch die Revolution sei der Streit des Jahrhunderts zwischen Erb- und Wahlsystem entschieden. Darin zeigt sich die Perfektibilität des Menschen, die den Menschen nach Gleichheit streben lässt und die der Motor des gesellschaftlichen Fortschritts ist. Dieser Fortschritt verläuft in vier Phasen: Theokratie, Sklaverei, Feudalherrschaft, Republikanismus. Jedes neue System entsteht durch die Zerstörung des alten. Die legitime Machtausübung hat nur die Freiheit des Individuums zu sichern. Die Freiheit der Bürger besteht in der Unabhängigkeit vom Staat. Unbegrenzte Macht, des Staates wie des Volkes als Souverän, bedroht die Freiheit. Darum soll der Staat föderalistisch gegliedert sein.

Der in Lausanne geborene und in Paris gestorbene Constant war mehr als der zeitweise Lebensgefährte von Madame de Staël. Sie schätzte ihn als hochintelligent ein, und wie sie tat er sich mit der Treue schwer. In seiner Kindheit war er an verschiedenen Orten gewesen, so in Oxford, Erlangen und Edinburgh. In Paris traf er 1787 Isabelle de Charrière, die seine literarischen Fähigkeiten förderte und Stetigkeit in sein Leben brachte. Sein Vater fand für die Zeit von 1787 bis 1794 eine Stelle als Kammerherr in Braunschweig für ihn. Diese fand er allerdings ebenso wie seine erste Ehe dort langweilig. Dennoch wirkte sich dieser Aufenthalt für sein späteres Leben positiv aus: Er lernte dort die deutsche Sprache, er lernte zu argumentieren und eignete sich juristische Kenntnisse an, die in seinem späteren Leben sehr wichtig waren. 1794 traf er Madame de Staël in Lausanne und ging mit ihr nach Paris, wo Constant publizistisch als gemässigter Republikaner tätig war. Die Zeit mit Madame de Staël war anregend, aber aufreibend. Constant ist am Ende zwischen zwei Frauen zerrissen: Charlotte von Hardenberg schreibt überaus zärtliche Briefe auf Deutsch an Constant, und er heiratet sie heimlich, kehrt aber auf Schlegels Geheiss zu Madame de Staël zurück, worauf Charlotte einen Selbstmordversuch unternimmt, so dass er seine Hochzeit öffentlich bekannt macht und sich von Madame de Staël trennt. Bald jedoch erscheint ihm Charlotte als die langweiligste Frau des Erdballs. Mit de Staël und seiner Tochter Albertine steht er weiter in Briefkontakt.

Bis zum Tod von Madame de Staël, die 1811 wieder geheiratet hatte, konnten Constant und sie weder miteinander noch ohne einander. Das schwierige Verhältnis zu ihr verarbeitete er im Roman *Adolphe*. Nach ihrem Tod sass er 1819 bis 1830 im französischen Parlament, als Wortführer der liberalen Opposition. Nach Constants Tod im Dezember 1830 wurde ihm ein pompöses Staatsbegräbnis bereitet. Bis heute ruht er auf dem

Friedhof Père-Lachaise. Seine politischen Schriften gelten als Meilenstein in der Geschichte der liberalen Philosophie v. a. in den USA. Constant gilt als Vorläufer von Alexis de Tocqueville. Politische Freiheit bedeutet, auf die Regierung Einfluss zu nehmen und gewährleistet die persönliche Freiheit (freie Meinungsäusserung, freie Wahl des Gewerbes usw.). Das öffentliche Wohl basiert auf der Achtung von Verfahren, Rechtsgarantien und Gesetzen: «Aber auch die Gesetze müssen ihre Grenzen haben».[7] Erziehung und Religion sind nicht Angelegenheiten des «modernen Staates», der zurückhaltend agieren sollte. Gewohnheiten, Neigungen und Unabhängigkeit des Individuums werden geachtet, Institutionen lassen Raum zur Selbstentfaltung und müssen die politische Teilhabe erstrebenswert machen, sodass Zeit für Privates bleibt. Das Individuum ist vor Willkür geschützt und hat Möglichkeiten zur gerechten politischen Partizipation.

Die Teilnahme am Staat in der Antike sei Pflicht und Opfer für alle gewesen. So konnte Athens Demokratie den Bürgern mehr Freiheit gewähren als Sparta oder Rom, aber auf der Basis einer Sklavenhaltergesellschaft und eines Stadtstaats. Das entspricht dem modernen Staat nicht mehr, dessen Freiheit im Genuss der persönlichen Unabhängigkeit der Einzelnen bestehe.

Georg Wilhelm Friedrich Hegel (1770–1831)

In den Jahren nach der Französischen Revolution stand das Ancien Régime auch in der Schweiz immer mehr unter Druck, bis es dann 1797/1798 durch die französischen Truppen gestürzt werden konnte. Der später berühmte deutsche Philosoph Georg Wilhelm Friedrich Hegel, der in seiner Studienzeit im Tübinger Stift Feuer und Flamme für die Revolution gewesen war, musste nach dieser Zeit wie so viele allerdings eine Hauslehrerstelle antreten, und die fand sich ausgerechnet in Bern, das zu dieser Zeit (1793–1796) noch in vielerlei Hinsicht politisch den Inbegriff des Ancien Régime verkörperte.

Hegel hatte das Tübinger Stift mit Schelling und Hölderlin, seinen Zimmergenossen, in den Jahren 1789 bis 1793 besucht. Alle drei waren von der Französischen Revolution, aber auch von Philosophie und Dichtung begeistert, und später flossen viele ihrer Gedanken zusammen im *Ältesten Systemprogramm des deutschen Idealismus* (1796/1797). Nach dem Stift waren sie gezwungen, Stellen als Hauslehrer zu übernehmen, Hölderlin in Frankfurt, Schelling in Leipzig und Hegel in Bern in der Junkerngasse 51, wo er die zwei Söhne der Familie von Steiger unterrichtete, eine eher langweilige Tätigkeit, fand Hegel. Interesse weckten allerdings die 3841 Bände der Bibliothek von Steigers in dessen Landhaus in Tschugg nahe dem Bielersee, die noch vom Vater des damaligen Familienoberhaupts angelegt worden war. In Büchern aus dieser Bibliothek las er während seiner Berner Zeit intensiv und erstellte Exzerpte und Kommentare.

Hegel, der Revolutionär und Freigeist, war also nun Angestellter der Berner Aristokratie in den letzten Jahren des Ancien Régime, und konnte wenig gegen diese Situation unternehmen. Wenig, aber nicht nichts: Er übersetzte 1795 ein Buch des waadtländischen Juristen und Rebellen Jean-Jacques Cart, der später das Zivil- und Strafgesetzbuch der Waadt schrieb, ins Deutsche mit wohlwollenden Kommentaren und rechnete so mit der Berner Oligarchie ab. Hegel bescheinigte Bern ein völliges Nicht-Sein des Staates, der nur auf interessensgeleiteten willkürlichen Staatsaktionen beruhe. 1798, als die französischen Truppen das Ancien Régime gestürzt hatten, konnte das Buch erscheinen, allerdings ohne dass der Übersetzer bekannt war. Wer der Übersetzer und Kommentator von *Vertrauliche Briefe über das vormalige staatsrechtliche Verhältnis des Waadtlandes (pays de Vaud) zur Stadt Bern. Eine völlige Aufdeckung der ehemaligen Oligarchie des Standes Bern* war, fand man erst hundert Jahre später heraus.

In dieser Übersetzung und Kommentierung sowie bei Hegels weiterer Arbeit an diesem Thema ging es ihm um die Herausarbeitung des Unterschieds von Staat und Gesellschaft, um die Bestimmung eines vernunftadäquaten Staatswesens und um das Verhältnis von Souveränität und Gerichtsbarkeit. Im Staat Bern zeigten vor allem zwei Punkte die Unangemessenheit des existierenden politischen Systems: 1) Die im 18. Jahrhundert erfolgte zunehmende Oligarchisierung der Patrizierschaft, die dazu geführt hatte, dass die Regierungsgewalt in den Händen von immer weniger Familien lag und es kaum Möglichkeiten gab, aufgrund von besonderen Fähigkeiten in diesen Kreis gewählt zu werden. Aus einer Wahlaristokratie war eine Erb-Oligarchie geworden. 2) Es gab keinerlei Trennung von Judikative und Exekutive, Beweisführung und unabhängige Verteidigung des Beschuldigten existierten genauso wenig wie ein Gesetzbuch, das einen Strafrahmen für Delikte vorschrieb. Wahrscheinlich wurde auch noch gefoltert. Einen Rechts-Gang, einen Prozess, so Hegel, gebe es also in Bern gar nicht. All dies führte viele zu der Überzeugung, dass dieses Staatsgebäude in Bern unhaltbar sei. Hegel machte sich darüber hinaus differenzierte Gedanken, wie eine Einheit des Vernünftigen und Wirklichen im Staat denn dann aussehen müsste. Hegel packte also gewissermassen den Stier bei den Hörnern – oder versuchte es zumindest so gut er konnte: Die frustrierende politische Lage und auch seine eigene Situation nahm er zum Anlass, darüber nachzudenken, in welche Richtung genau diese zu verbessern war und Schritte dorthin zu unternehmen, soweit seine Möglichkeiten ihm dies erlaubten.

Trotzdem ging es Hegel insgesamt nicht sehr gut: Er sehnte sich nach seinen Freunden, und die geistige Enge machte ihm zu schaffen. Er nahm allerdings an einem Gesprächskreis um den dänischen Schriftsteller und Philosophen Jens Baggesen teil, der sich nach dem Besuch des Philosophen Johann Gottlieb Fichte in Bern gebildet hatte. Baggesen war mit der Enkelin Albrecht von Hallers, Sophie von Haller, verheiratet und liebte die Alpen und Bergwanderungen. Hegel hatte auch Kontakt zum «Politischen Institut» der Akademie, wo die Kantianer Joseph Ith und Philip Albert Stapfer unterrichteten und wo er den schwäbischen Maler Valentin Sonnenschein traf, mit dem er sich anfreundete. Stapfers Schrift *Die fruchtbarste Entwicklungsmethode der Anlagen des Menschen / zufolge eines kritisch-philosophischen Entwurfs der Culturgeschichte unseres Geschlechts* könnte Hegel angeregt haben zu Gedanken, die schliesslich in seine dialektische Geschichtsphilosophie mündeten. Philosophie bedeutete für Hegel stets «seine Zeit in Gedanken gefasst»:[8] Gerade das fiel ihm während der Berner Zeit mit ihren widersprüchlichen Herausforderungen allerdings schwer. Er bezeichnete sich in einem Brief im August 1795 an Schelling darum noch als «Lehrling».

Im Sommer, während der Aufenthalte im Landhaus der Familie in Tschugg, fehlte der geistige Austausch mit den Berner Bekannten, und so las er viel. Als Anregung reiste er 1795 ins bereits revolutionäre Genf, wo er der Schrift von Cart begegnete und sich zu einer kommentierten Übersetzung entschied. 1796 nahm er mit drei anderen Hauslehrern an einer Wanderung vom Berner Oberland bis ins Wallis teil, auf der ihm endgültig klar wurde, dass er sich nicht zur Natur, sondern zum Geist und dessen Dynamik hingezogen fühlte: «Die Vernunft findet in dem Gedanken der Dauer dieser Berge oder in der Art von Erhabenheit, die man ihnen zuschreibt, nichts, das ihr imponiert, das ihr Staunen und Bewunderung abnötigte. Der Anblick dieser ewig toten Massen gab mir nichts als die einförmige und [...] langweilige Vorstellung: es ist so.»

Hölderlin hatte ihm inzwischen eine Hauslehrer-Stelle in Frankfurt besorgt, und so verliess er Bern im Oktober 1796. Einige Zeit danach starb sein Vater, wodurch er genug erbte, um nun seine Promotion in Angriff zu nehmen – und schliesslich als berühmter Philosophieprofessor in Jena und Berlin zu enden. Seine Vorlesungen in Jena besuchte übrigens auch Ignaz Paul Vital Troxler. Und er hätte auch 1832 der Nachfolger auf dem Lehrstuhl Hegels in Berlin werden können.

Mehr als Kant beharrte Hegel darauf, dass unser Wissen durch die Narrative gesellschaftlicher Konventionen und handlungsleitender Normsysteme geprägt und in die kontroversen Legitimationsweisen säkularer Lebens- und Urteilsformen involviert ist. So war er zugleich der erste Philosoph, «für den die Moderne zum Problem geworden ist».[9]

Ignaz Paul Vital Troxler (1780–1866)

Der am schwierigsten angemessen zu bewertende Philosoph der Schweiz ist sicherlich Troxler. Nicht nur Charles Secrétan, sein Zeitgenosse und selber Philosoph, unterstellt ihm, Troxler habe ja Vorlieben, Ansichten und Neigungen, aber überhaupt keine Philosophie gehabt. Von anderen wiederum wird er als der grösste Philosoph bezeichnet, den die Schweiz je hatte. Worauf sich diese beiden diametralen Lager einigen können, liegt meist ausserhalb des Feldes der Philosophie, und so lobt man vor allem seine Bedeutsamkeit für die heutige Verfassung der Schweiz. Ausgerechnet dieser Mann, der immer in unterschiedlichsten Bereichen Opposition leistete und dem man die Rolle eines Friedensstifters gewiss nicht zugetraut hätte, konnte hier durch die aus den USA übernommene Idee des Zweikammersystems zu einem friedlichen Gleichgewicht zwischen Stadt und Land, bevölkerungsreich und bevölkerungsarm sowie protestantisch und katholisch in der Verfassung und so zu einer gedeihlichen Entspannung der seit fünfzig Jahren schwelenden politischen Konflikte beitragen. Und ein überzeugter Liberaler und Demokrat war er, das wusste man, und er stand immer auf der Seite der Schwächeren – was für ihn nicht nur positive Folgen hatte. Im 21. Jahrhundert zeigt zwar dieses Zweikammersystem auch vermehrt seine Schwächen, weil es systematisch die bevölkerungsschwachen Kantone stärker stellt als die bevölkerungsstarken und weil bei Abstimmungen das «one man – one vote» Prinzip nicht gilt (es muss nicht nur die nationale Mehrheit aller Stimmen, sondern auch die Mehrheit aller Kantone errungen werden), aber zu seiner Zeit als interessenausgleichende Massnahme war diese Idee sicher passend.

Bei all dem war er lange Zeit vor allem Arzt. Ausserdem muss er ein Begeisterung hervorrufender Pädagoge gewesen sein, der am liebsten das damalige Bildungssystem reformiert hätte. Da das nicht möglich war, so hatte er immerhin im Aarauer Lehrverein über einige Jahre hinweg die Möglichkeit, seine Vorstellungen weitgehend umzusetzen.

Wenn man sich also klarwerden will, was Troxler vor allem war, Philosoph, Politiker, Anthroposoph avant la lettre, Mediziner oder Pädagoge, so entscheidet man sich meist für Politiker und Philosoph, denn seiner politischen Philosophie verdankt die Schweiz seit 1848 den Ständerat als Instrument des Ausgleichs zwischen bevölkerungsstarken und -schwachen sowie protestantischen und katholischen Kantonen und zwischen Stadt und Land.

Troxler studierte 1799 bis 1803 in Jena Medizin und Philosophie (insbesondere bei Schelling). Anschliessend arbeitete er als Arzt in Beromünster und geriet in Konflikt mit dem Sanitätsrat wegen seiner Schrift gegen medizinische Missstände im Kanton. Er floh nach Wien, wo er als Arzt praktizierte und sich mit Beethoven anfreundete. Nach dieser Zeit heiratete er 1809

Wilhelmina Polborn in Potsdam und zog wieder nach Beromünster. 1814 reiste er mit der Familie zum Wiener Kongress, um als Privatmann über einige seiner Kontakte, insbesondere Varnhagen und Wiener Bekannte, auf die Gestaltung der Verhältnisse in der Schweiz einzuwirken. In der Folge wurde Troxler zweimal als Medizin-Professor berufen, und zwar nach Berlin und nach Bonn, beide Male lehnte er aber ab, weil er in der Schweiz bleiben wollte – so heisst es. Doch genau betrachtet scheint auch etwas Anderes eine Rolle gespielt zu haben: Die Medizin war zwar immer noch sein Brotberuf, aber nicht mehr das, für das er sich zu dieser Zeit noch wirklich begeistern konnte. Seine Familie hatte mehrere Kinder durch Krankheit verloren – und auch er als Arzt hatte nichts machen können. Er wurde mit umso mehr Inbrunst Philosophielehrer in Luzern, dann in Aarau, und verlangte eine Schule ohne kirchlichen Einfluss, offen auch für Kinder ärmerer Eltern, die berufsorientiert ausbildet. Als Arzt praktizierte er nur nebenbei weiterhin und wurde als solcher auch ans Sterbelager Pestalozzis gerufen. Der grosse Wendepunkt schien ihm und seinen Anhängern im Jahr 1830 der Ruf als Philosophieprofessor nach Basel, wo er 1831 sogar Rektor der Universität wurde. Doch kurze Zeit später wurde er aus der Stadt vertrieben, weil er sich in einer politischen Auseinandersetzung zwischen den Stadtbaslern und dem Umlandkanton für Basel-Land einsetzte. Er ging zurück nach Aarau, wo er in den Grossen Rat gewählt wurde. Von 1834 bis 1853 war er dann Professor für Philosophie an der Universität Bern. Man könnte also meinen, seine Berufskarriere hätte damit doch noch ein gutes und gesichertes Ende gefunden. Doch der Zeitgeist kehrte sich zunehmend gegen ihn und seine romantische Sicht der Philosophie. Immer weniger Studenten besuchten seine Vorlesungen und die in ihm widerstreitenden geistigen Einflüsse liessen ihn auch kein überzeugendes Modell ausarbeiten, das einen klaren Impuls hätte geben können. 1859 starb seine Frau. Im Alter wurde Troxler darüber hinaus bärbeissig, er bezeichnete sich als «Vereinsamter mit gebrochenem Herzen». Sein wichtigster Briefpartner blieb über Jahrzehnte hinaus der in Düsseldorf geborene Karl August Varnhagen von Ense, der mit der Salonniere und Schriftstellerin Rahel Varnhagen in Berlin lebte.

Philosophisch bewegte sich Troxler vom lebensphilosophisch inspirierten Idealismus über ein durch die Idee des Organismus angeregtes und mythologisch begründetes freiheitlich-demokratisches politisches Denken hin zu einer umfassenden Anthropologie, die er «Anthroposophie» nannte. Seine Staatstheorie verarbeitete die Einflüsse von Aufklärung, Französischer Revolution, deutschem Idealismus und Romantik und verband sie mit dem Schweizer Bundesgedanken.

6. Der Basler Humanismus im 19. Jahrhundert

Basel war in der Renaissance sicher das Zentrum des Humanismus in der Schweiz, vor allem durch die Bedeutung und Ausstrahlung von Erasmus. Doch auch die zu dieser Zeit gegründete Universität und das Druckereiwesen, nicht zuletzt aber auch der älteste Verlag der Welt, der Schwabe Verlag, verankerten den Humanismus hier tief. Und diese geistige Verankerung im Humanismus tritt auch im 19. und 20. Jahrhundert zutage, ist also ein bis in die Gegenwart wirkendes Momentum.

Die in diesem Kapitel Behandelten gaben dem Humanismus, aus ihm heraus kommend, wichtige neue Impulse, selbst wenn sie, wie Nietzsche, zu dessen Krise beitrugen. Sie waren zwar Geisteswissenschaftler, aber nicht Philosophen. Dennoch waren sie umfassend gebildete Gelehrte und beeinflussten nicht nur die anderen Geisteswissenschaften, sondern auch die Philosophie mit ihren Gedanken.

Jacob Burckhardt (1818–1897)

Burckhardt stammte aus einer Basler Seidenhändlerdynastie und bekam eine ausgezeichnete humanistische Ausbildung. In Basel und Neuenburg studierte er Philologie, Theologie und Geschichte. Nach einer inneren Krise gab er das Theologie-Studium auf, das er seinem Vater zuliebe, der Pfarrer an der Münstergemeinde in Basel war, gewählt hatte. Er äusserte sich später nicht mehr eindeutig zu seinem Glauben, der ein romantisch beeinflusster Pantheismus gewesen sein dürfte. 1839 bis 1843 studierte er in Berlin Geschichte, insbesondere bei Johann Gustav Droysen (1808–1884) und Leopold von Ranke (1795–1886). 1843 schloss er sein Studium in Basel ab und wurde für einige Zeit Dozent an der Universität sowie Redaktor der konservativen Basler Zeitung. 1847 verbrachte er in Berlin mit dem Kunsthistoriker Franz Kugler, den darauffolgenden Winter in Rom. 1855 verliess er Basel und unterrichtete an der ETH Zürich Kunstgeschichte. 1858 kehrte er zurück nach Basel und besetzte fortan den einzigen Geschichtslehrstuhl der kleinen Universität. Erst 1886 bis 1893 konnte er sich dort in der Lehre auf Kunstgeschichte konzentrieren.

Sein berühmtestes Buch ist *Die Kultur der Renaissance in Italien* (1860), das ein Modell dafür wurde, wie man Kulturgeschichte wissenschaftlich abzuhandeln hatte. Burckhardt kannte auch seinen jungen Kollegen Nietzsche, der zwei Jahre in Basel Professor war und auch Burckhardts Vorlesungen verfolgte. Er stand mit ihm in Briefkontakt. Burckhardt war fortschrittskritisch und konservativ gesinnt sowie ein Gegner der Geschichtsphilosophie, für die vor allem Hegel stand.

Er schreibt hierzu in der Einleitung seiner *Weltgeschichtlichen Betrachtungen:*

> Wir sind aber nicht eingeweiht in die Zwecke der ewigen Weisheit und kennen sie nicht. Dieses kecke Antizipieren eines Weltplanes führt zu Irrtümern, weil es von irrigen Prämissen ausgeht. […] Unser Ausgangspunkt ist der vom einzigen bleibenden und für uns möglichen Zentrum, vom duldenden, strebenden und handelnden Menschen, wie er ist und immer war und sein wird; daher unsere Betrachtung gewissermassen pathologisch sein wird.
> Die Geschichtsphilosophen betrachten das Vergangene als Gegensatz und Vorstufe zu uns als Entwickelten; – wir betrachten das sich Wiederholende, Konstante, Typische als ein in uns Anklingendes und Verständliches.
> Jene [die der Geschichtsphilosophie anhängen] sind mit Spekulation über die Anfänge behaftet und müssten deshalb eigentlich auch von der Zukunft reden; wir können jene Lehren von den Anfängen entbehren, und die Lehre vom Ende ist nicht von uns zu verlangen.

Burckhardts Gedanken beeinflussten auch die Philosophie, v. a. im Bereich der Philosophie- und Ideengeschichte. Seine Bemühungen in der Kulturgeschichte waren immer auf die Darstellung des Ganzen gerichtet, und so verwundert es nicht, dass sich erst durch seine umfassende und überzeugende Darstellung der Begriff der Renaissance als einer kulturgeschichtlichen Epoche hat durchsetzen können.

Johann Jakob Bachofen (1815–1887)

Wie Burckhardt war auch Bachofen ein Basler Historiker und Kulturwissenschaftler, auch er stammte aus einer Seidenhändlerdynastie und auch er studierte in Basel und Berlin, darüber hinaus aber auch in London, Paris und Cambridge. Der Schwerpunkt seines Studiums lag auf den Altertumswissenschaften und der Rechtsgeschichte. Bachofen war viel auf Reisen und kannte alle Museen Europas. Nur kurze Zeit lehrte er an der Basler Universität und entschied sich dann für ein Leben als Privatgelehrter. Er besass zwar ein enormes Hintergrundwissen, lehnte aber in den daraus gezogenen Schlüssen das quellen- und textkritische Arbeiten ab und zog eine intuitiv-symbolisch vorgenommene Interpretation vor.

In seinem Hauptwerk *Das Mutterrecht* (1861) vertrat Bachofen die These, die Gesellschaft habe sich in drei Stufen entwickelt: 1) die ursprüngliche Form der Gesellschaft ist der «Hetärismus» ohne Gesetze, Ehe oder Eigentum, auf der natürlichen Produktivität der Frauen gründend; 2) die mutterrechtliche Gesellschaft oder «Gynaikokratie» (= Matriarchat), in der die Mutter das Oberhaupt der Familie war, da die Abstammung matrilinear ermittelt wurde; religiös wurde zu dieser Zeit die Mutter als lebenspendende Göttin verehrt; hier liegt der Ursprung der Monogamie und die Gynaikokratie ist die harmonischste und friedlichste Entwicklungsstufe; 3) nach der Entmachtung des Matriarchats etablierte sich das Patriarchat («Paternität»).

Bachofen stellt so die Überzeugung von der Selbstverständlichkeit patriarchaler Familienstrukturen infrage, indem er die harmonische Gynaikokratie als Gegenentwurf zum aggressiven Patriarchat postuliert, auch im Geschlechterverhältnis einen gesellschaftlichen Entwicklungsprozess annimmt und sich über die angeblichen Naturgegebenheiten der Geschlechterordnung hinwegsetzt. Er wagt es sogar, den Beginn der geistigen Reifung des Menschen in der Gynaikokratie anzusetzen.

Auch wenn sich in Bachofens Argumentation nach heutiger Sicht viele Widersprüchlichkeiten und Fehler finden und seine Methode als unwissenschaftlich gilt, so macht seine entwicklungsgeschichtliche Sichtweise des Geschlechterverhältnisses und der darauf beruhenden Rechtsstrukturen ihn doch zu einem der Mitbegründer der Soziologie und der vergleichenden

Religionswissenschaft – und zu einer wichtigen Quelle des Feminismus, in der die Matriarchatsforschung, z. B. bei Heide Göttner-Abendroth, einen wichtigen Platz einnimmt.

Bachofen nahm an, die Gynaikokratie sei seinem Entwicklungsmodell entsprechend eine weltweite Erscheinung gewesen. Er berief sich auf historische Quellen über das alte Lykien (an der türkischen Mittelmeerküste in der Nähe des heutigen Antalya). Dass es entsprechende – und in ihrer jeweiligen Ausprägung recht vielfältige – Gesellschaftsformen gab und bis in die Gegenwart vereinzelt gibt, ist zwar inzwischen auch wissenschaftlich gut belegt und anerkannt, dass das Matriarchat aber eine weit verbreitete Entwicklungsphase der menschlichen Geschichte darstellt mit all den positiven Eigenschaften, die Bachofen ihm zuspricht, wird in unserem postmodernen Denken, das an die «grossen Erzählungen» (Jean-François Lyotard) nicht mehr zu glauben vermag, natürlich infrage gestellt.

Friedrich Nietzsche (1844–1900)

Dass ich Nietzsche unter den Basler Humanismus einordne, erscheint vielleicht fragwürdig. Denn er hat erstens nur zehn Jahre seines Lebens hier verbracht und zweitens scheint doch gerade Nietzsche das Gegenteil eines Humanisten zu sein, nämlich Nihilist.

Doch er ist genau das gewesen: Ein Humanist durch und durch. Zwar stammte er aus einem Dorf im heutigen Sachsen-Anhalt, erhielt aber eine ausgezeichnete humanistische Ausbildung in Schulpforta und freundete sich bereits dort mit dem späteren Indologen Paul Deussen an. Auch nach der Schule eignete er sich eine breite philosophische und philologische Bildung in Bonn und Leipzig an. Seine Begabung wurde früh erkannt, und so wurde er bereits mit 24 Jahren als ausserordentlicher Professor für klassische Philologie nach Basel berufen, sozusagen dem humanistischen Fach par excellence.

Seine ersten Schriften sind zunächst auch von klassisch humanistischen Themen geprägt: *Die Geburt der Tragödie aus dem Geist der Musik* (1872), *Über Wahrheit und Lüge im aussermoralischen Sinne* (1873) und *Vom Nutzen und Nachteil der Historie für das Leben* (1874). Bereits in diesen Anfangswerken bilden sich allerdings Nietzsches Hauptthemen heraus: 1) die Kritik an Vernunftgläubigkeit und Asketismus, 2) die Suche nach einer neuen, über die christliche hinausgehenden Moral, 3) die Bedeutung von Wahrheit und Wissenschaft. All diese Themen werden häufig in einer historischen, speziell geistesgeschichtlichen Perspektive angeschaut, und auch das sich aus diesen Ansätzen entwickelnde Thema der grundlegenden Überwindung und Neuorientierung, verkörpert durch den Übermenschen, ist historisch konzipiert. Hierbei ist vor allem die Frage einer dem Leben und dem Menschen in seinem höchsten Potential angemessenen Moral grundlegend – neben der Voraussetzung der Selbstüberwindung.

Zwar stammte von ihm auch die Diagnose «Gott ist tot» und er stellte das Eintreten des «unheimlichsten aller Gäste», nämlich des Nihilismus, fest, doch selber ist er als Pastorensohn bibelfest und humanistisch geprägt. Er litt am Zusammenbruch des Wert- und Sinnhorizontes seiner Kultur, der ihm gerade im so tief humanistisch geprägten Basel nochmals vor Augen geführt wurde. Der Nihilismus hatte sich jedoch auf unheimliche Weise der gesamten Gesellschaft bemächtigt, was ihn zutiefst erschütterte. Dadurch jedoch wurden er und seine Überwindung allerdings zu einer wichtigen Fragestellung seiner Philosophie.

Nietzsche entwickelte diese vor allem in der Schweiz, in der ersten Zeit in Basel, später in Sils-Maria – und während des Winters in Italien.

Das in seiner Basler Zeit (1869–1879) verfasste Werk *Die Geburt der Tragödie aus dem Geist der Musik* behauptet, die beiden ursprünglichen Kräfte der griechischen Kultur, das Apollinische und das Dionysische, seien dort zunächst in der Tragödie zur harmonischen Synthese gekommen. Das Apollinische benennt die lichthaften, massvollen, vernünftigen Kräfte, und das Dionysische die leidenschaftlichen, ekstatischen, rasenden, naturhaften. Der Untergang der Tragödie sei die Entstehung der rationalen Philosophie, verkörpert durch Sokrates. Eine Erneuerung der dionysischen Kultur erhoffte sich Nietzsche zu dieser Zeit noch von Richard Wagner, mit dem er 1874 jedoch brach.

Nietzsche war ein relativ kranker Mann. Er litt unter starken Migräneanfällen, Magenstörungen und starker Kurzsichtigkeit. Diese Krankheiten führten dazu, dass er immer mehr von seiner Arbeit pausieren musste und sich 1879 vorzeitig pensionieren liess. Die Basler Zeit war für sein Leben und Werk allerdings sehr wichtig. Nicht nur entstanden hier die ersten wichtigen Schriften, er gewann hier auch seine wichtigsten Freunde: den atheistischen Theologieprofessor Franz Overbeck, den Arzt und Philosophen Paul Rée und den Nietzsche-Schüler, Schriftsteller und Komponisten Heinrich Köselitz (Künstlername Peter Gast). Diese standen ihm auch in den folgenden Jahren zur Seite. Ihm stand wegen seiner Professorentätigkeit in Basel eine kleine Pension zu, die aber trotz seines relativ kargen Lebensstils kaum reichte. Daher war er hin und wieder auf Zuwendungen von Freunden angewiesen, zumal seine Schriften ihm, wenn sie denn überhaupt in grösserer Zahl gelesen wurden, kaum Geld einbrachten. Während der Zeit vor seinem geistigen Zusammenbruch im Jahr 1889 kannten nur wenige seine Schriften. Erst mit Georg Brandes, der im Frühjahr 1888 eine Vorlesungsreihe über Nietzsche an der Universität Kopenhagen abhielt, änderte sich das. Die weitere Rezeption wurde nach

Nietzsches Umnachtung allerdings stark von dessen inzwischen durch ihren Mann vom Nationalsozialismus überzeugte Schwester Elisabeth Förster-Nietzsche bestimmt, die im Besitz von Nietzsches Nachlass war und aus diesem heraus mit Fälschungen, Auslassungen und Hinzufügungen das angebliche Hauptwerk Nietzsches «Der Wille zur Macht» (1906) zusammenstellte. Dieses und weitere selektiv ausgewählte Aussagen Nietzsches liessen seine gesamte Philosophie in den Augen etlicher Leute darum als faschistoid erscheinen. Als Gegenstück zu dieser «Weimarer Rezeption» bildete sich die von Nietzsches Freund Franz Overbeck begründete «Basler Tradition» heraus.

Die «Vormittagsphase» von Nietzsches Wirken (1876–1882) ist geprägt von Kritik und Skeptizismus, die er leidenschaftlich, häufig in aphoristischer Form, zur Sprache bringt. Er versteht sich als Arzt einer kranken Kultur: Kritik an Moral und Religion, an der Vorstellung von Wahrheit, an den eigentlichen Motiven hinter dem moralisch erscheinenden Handeln. Das Christentum habe Anteil an der Verweichlichung des Menschen, es bestehe aus unglaubhaften und widersprüchlichen Relikten antiker Glaubensvorstellungen, es vertröste auf ein Jenseits, an das keiner mehr glaube und es veranlasse zur Heuchelei. In der *Fröhlichen Wissenschaft* heisst es dann: «Gott ist tot! Gott bleibt tot! Und wir haben ihn getötet!»

1879 hatte Nietzsche seine Professur niedergelegt und ein unstetes Wanderleben begonnen auf der Suche nach Orten und Klimata, die seine Leiden erträglich machten. Diese Suche führte ihn für einige Jahre nach Sils im Oberengadin im Sommer und nach Norditalien im Winter. Der Höhepunkt, die «Mittagsphase» seines Wirkens, fällt in die Jahre 1883 bis 1887. In dieser Zeit erscheint das wohl bekannteste Werk Nietzsches, *Also sprach Zarathustra* (1883/1885). Hier entwickelt er deutlich und in literarisch anspruchsvoller und ansprechender Form seine Thesen: Die abendländische Kultur ist dem Nihilismus verfallen (Ablehnung von Wert, Sinn und Wünschbarkeit); das Lügengebäude des christlichen Denkens ist zusammengebrochen: Den Schwachen war dieses Gebäude, war die gesamte abendländische Kultur Trost, und sie drohen nun zu verzweifeln, die Starken (die Übermenschen) werden darin die Chance zur Umwertung der Werte sehen; der Übermensch strebt nach Stärke, Vitalität, Macht, beugt sich nicht dem Diktat eines Gottes oder der Moral der Schwäche und des Mitleids; ein weiterer zentraler Gedanke ist die ewige Wiederkehr des Gleichen, eine intuitive Gewissheit, viele Male, noch unzählige Male leben zu müssen. Hauptprinzip der Welt ist für Nietzsche, angelehnt an Schopenhauer, der Wille zur Macht mit den Zielen Selbsterhaltung und Steigerung des Lebensgefühls. Gut ist somit, was diesen Zielen entspricht, Glück das Gefühl von wachsender Macht.

Nietzsche wird gern, seiner Selbststilisierung entsprechend, als der philosophische Prophet der Neuzeit gesehen. Ebenso wird er als leidenschaftliches Genie gesehen, das nach und nach Selbstüberschätzung und Grössenwahn entwickelt hat und in den letzten Jahren in geistige Umnachtung gefallen ist. Sein Denken stellt eine Art Katalysator dar, das in dem, der sich damit auseinandersetzt, die eigenen verdrängten Anteile verstärkt und zum Vorschein bringt. Nietzsche mit seinen vielfältigen, provokanten und oft widersprüchlichen Positionen eignet sich bis heute ausgezeichnet als Projektionsfläche. Damit, sich so gut für unterschiedliche Projektionen zu eignen, spielte Nietzsche auch: So war er, der früh den Vater verloren hatte und in einem Frauenhaushalt aufgewachsen war, kein Frauenhasser, spielte aber mit dem Image, z. B. wenn er Mary Wollstonecraft, Vorkämpferin der Frauenbefreiung, mit dem berühmt gewordenen «Wenn du zum Weibe gehst, vergiss die Peitsche nicht!» zitierte und dies auch auf einem Foto mit Paul

Rée und der peitscheschwingenden Lou Andreas-Salomé inszeniert.

Tatsache war allerdings, dass er zu seiner Schwester Elisabeth immer schon ein gespanntes Verhältnis hatte, sich oft mit ihr stritt und wieder vertrug. Als er jedoch von ihr hörte, dass sie demnächst mit dem radikalen Antisemiten Bernhard Förster in Paraguay mit Gleichgesinnten die Kolonie *Nueva Germania* gründen wollte, brach er die Beziehung zu ihr – bis zu seinem Zusammenbruch einige Jahre später – ab. Er äusserte sich über dieses Verhältnis im Spätwerk *Ecce homo* in zugespitzter Form folgendermassen:

> Die Behandlung, die ich von Seiten meiner Mutter und meiner Schwester erfahre, bis auf diesen Augenblick, flösst mir ein unsägliches Grauen ein: hier arbeitet eine vollkommene Höllenmaschine, mit unfehlbarer Sicherheit über den Augenblick, wo man mich blutig verwunden kann – in meinen höchsten Augenblicken, ... denn da fehlt mir jede Kraft, sich gegen giftiges Gewürm zu wehren. [...] Aber ich bekenne, dass der tiefste Einwand gegen die ‹ewige Wiederkunft›, mein eigentlich abgründlicher Gedanke, immer Mutter und Schwester sind. (Friedrich Nietzsche, *Ecce homo* (*KSA* 6), S. 268)

7. Moderne Reflexionen zu Lebenssinn und Lebensform

Zwar berief sich Jean-Jacques Rousseau in seinen *Confessions* auf die *Confessiones* des Augustinus, wodurch es den Anschein hat, es handle sich hierbei um Bekenntnisliteratur im traditionellen Sinn. Doch in der selbstzerfleischenden Radikalkritik des Genfers findet sich – anders als bei Augustin – eine klar moderne Eigenart: Die verzweifelte Sinnsuche kann nicht mehr durch einen Gott beantwortet werden, sondern nur durch Kritik an sich selbst. Rousseau ist bereits ein radikal modernes Individuum. Während dieser Genfer jedoch nicht durch seine Bekenntnisse berühmt wurde, sondern vor allem durch andere philosophische Werke, gelang es dem Genfer Amiel, von dem hier die Rede ist, nicht, durch Philosophie nennenswert hervorzutreten, sondern nur noch durch seine, manchmal nicht weniger selbstquälerischen, oft aber auch sich der Lebensweisheit nähernden Tagebuchreflexionen. Wieder wird deutlich, wie schwer es für das moderne Individuum immer wieder ist, dass es den eigenen Ansprüchen nicht genügen kann, in die es doch seinen Lebenssinn gesetzt hat.

Henri-Frédéric Amiel (1821–1881)

Philosophie sei, so Gernot Böhme, Wissenschaft, Weltweisheit oder bzw. und Lebensform. Obwohl Amiel von 1854 bis 1881 auch Professor der Philosophie – also Wissenschaftler – war, zeigte sich bei ihm sein philosophisches Wirken v. a. in der Form seines Lebens: Seit der Antike gilt als Empfehlung für eine selbstreflexive Lebensform das Tagebuch, und dieses führte er über dreissig Jahre, und für dieses und keine andere seiner Veröffentlichungen wurde er weltberühmt.

Amiel verlor früh (mit 11 bzw. 12 Jahren) seine Eltern: Erst starb die Mutter an Tuberkulose, ein Jahr später brachte sein Vater sich aus Einsamkeit um. In seiner Jugend verliess er Genf für mehrere Jahre, lernte u. a. in Heidelberg Deutsch und studierte in der Zeit des Vormärz in Berlin Philosophie. Eine Promotion hatte er noch nicht geschrieben, da ereilte ihn bereits der Ruf der neuen revolutionären Regierung in Genf, an der dortigen Universität den Ästhetik-Lehrstuhl zu übernehmen. Daraufhin ging er nach Genf und habilitierte sich dort mit der Schrift *Du mouvement littéraire dans la Suisse romande et de son avenir*, worauf er zum Professor ernannt wurde. Ab 1854 wechselte er dann zum Lehrstuhl für Philosophie.

Nachdem so frühzeitig seine berufliche Karriere in gute Bahnen gekommen war – so könnte man meinen und meinten einige seiner Freunde auch tatsächlich – war nun Grosses von ihm zu erwarten. Doch sein Werk ist nach allgemeiner Überzeugung von bescheidener Bedeutung und auch in der Lehre war er nicht sehr erfolgreich. Bekanntheit erreichte er nur durch zweierlei: im Leben durch das von ihm geschriebene Lied «Roulez tambours!» anlässlich der Bedrohung der Schweiz durch Preussen, das zu so etwas wie der Nationalhymne der welschen Schweiz wurde; nach seinem Tod durch sein umfangreiches (17'000 Seiten umfassendes) Tagebuch.

Das Tagebuch wurde lange nur in Auszügen und in Übersetzungen manchmal zweifelhafter Qualität veröffentlicht. Doch wer darin gelesen hatte, stellte fest, dass diese gar nicht zur Veröffentlichung angelegte Textform die war, die für Amiel vollkommen stimmte und in der er seine Qualitäten zur Geltung bringen konnte. Meistens werden Tagebücher berühmt, weil sie von bekannten Personen stammen. Hier machte die ausserordentliche Qualität eines Tagebuchs den Autor erst berühmt. Sie zeigt Amiel als zwischen seinen Ansprüchen und Möglichkeiten zerrissenen und leidenden modernen Menschen, der versucht, das Ganze zu erkennen und ihm gerecht zu werden. Dieses immer nur bruchstückhaft bleibende Bemühen eignet sich daher gut als Grundthema der literarischen Form des Tagebuchs mit ihrem ebenfalls bruchstückhaften Charakter und war der damals noch dominanten Systemphilosophie (Hegel, Marx) entgegengesetzt.

8. Die Schweiz als Wiege des Anarchismus, des Sozialismus und der Weltrevolution

Manchmal muss man – wie in diesem Titel – ein wenig dick auftragen, um etwas ins Bewusstsein zu rufen; einige Menschen mögen das natürlich in Teilen wissen, aber wenn, dann eher als Kuriosität am Rande. Wenn man diesem (falschen) Bewusstsein Glauben schenken wollte, hätte die Schweiz mit nichts etwas zu tun, bestünde aus patriotischen Bauern, die sich nach und nach als freie Menschen zusammengeschlossen, schliesslich einen neutralen Staat gegründet hätten und heute hauptsächlich von mittelständischem Unternehmertum, von Banken und Tourismus lebten. In dieser Ideologie bzw. diesem Mythos der Schweiz haben natürlich literarische Figuren wie Wilhelm Tell, Heidi oder der Geissenpeter ihren Platz, aber auch eine hochdifferenzierte Demokratie mit regelmässigen Volksabstimmungen, ja sogar eine kleinteilige Föderalität von 26 Kantonen, deren Bevölkerungszahl manchmal nur die von Grossstadtquartieren hat. All das ist der Bereich – und dazu gehört noch einiges andere –, auf den die Schweizerinnen und Schweizer überwiegend stolz sind.

Im Schatten oder sogar im verdrängten Bereich liegen andere Dinge, die selbst in der Schweiz gar nicht so wahrgenommen werden wie z. B. eine gut funktionierende, erfolgreiche und auch attraktive Sozialdemokratie, aber auch die erfolgreichste rechtspopulistische Partei Europas, die in anderen Ländern von entsprechenden Kräften als Vorbild gesehen wird. In früheren Zeiten war der Export von religiösen Gesinnungen in alle Welt, besonders in die USA, erfolgreich: Ausser aus dem Schwäbischen kamen die Freikirchler, die heute oft unter dem Überbegriff «evangelikale Sekten» zusammengefasst werden, aus der Schweiz. Lange Zeit war die Schweiz auch für ein weiteres «Exportgut» bekannt: Soldaten, die als Söldner in fremden

Diensten ihren Lebensunterhalt verdienten – solange sie ihr Leben erhalten konnten. Die Schweizer Garde im Vatikan ist ein heutiges Überbleibsel aus diesen Zeiten. Dass die Schweiz auch als Wiege der Pädagogik gesehen werden kann, ist uns schon klar geworden. Dass sie aber mit Recht auch als Wiege des Anarchismus, des Sozialismus und der Weltrevolution gesehen werden darf, davon wird in diesem Kapitel die Rede sein.

Gemeinhin traut man der Schweiz das nicht zu, weil es a) natürlich dem Schweiz-Mythos widerspricht und weil b) man die Schweiz als hochentwickelten Industriestandort mit breiter Arbeiterschaft und entsprechender Armut und verbreitetem Elend nicht wirklich auf der Rechnung hat. Und in der Tat waren hier andere Industrien vorherrschend als jene, die man mit Industrie und Arbeiterschaft so dominant in Verbindung bringt: Statt Kohle wurde Salz abgebaut, statt Stahl zu verhütten, hat man Textilien, Uhren und Feinmechanik hergestellt. Die Energie hierfür hatte man zum grössten Teil aus natürlichen Quellen: Sie stand durch das viele Wasser, das die Schweiz dank ihrer Täler, Berge, Bäche und Flüsse hat, reichlich zu Verfügung.

Die Schweizer Textilindustrie hat Wurzeln im Hochmittelalter und der Renaissance und fand im 19. Jahrhundert ihren Höhepunkt. Die Nahrungsmittelindustrie, vor allem Milchprodukte und Schokolade, kam im 19. Jahrhundert auf und hatte ihren Höhepunkt im 20. Jahrhundert. Seit dem 16. Jahrhundert bauten aus Frankreich in die Schweiz geflohene Hugenotten die Uhrenindustrie in der Romandie auf, und bis heute ist sie vor allem im Jura beheimatet mit weltbekannten Marken. Die Textilindustrie gab Anstoss zur Entwicklung und dem Bau entsprechender Maschinen, Turbinen, später auch Dampfmaschinen, Lokomotiven, Schiffen. Einwanderer aus Frankreich gründeten in Basel die chemische Industrie, die zunächst vor allem Farbstoffe für Textilien herstellte. Später kam die heute hochbedeutende Pharmaindustrie hinzu.

Das 19. Jahrhundert war in der Schweiz auch eine Zeit wachsender Armut, so dass bis in die 1880er Jahre eine grosse Zahl von Menschen in die USA oder nach Argentinien, aber auch in andere Staaten auswanderten. Der Kanton Glarus verabschiedete 1846 das erste Schweizer Arbeitsgesetz mit einer täglichen Höchstarbeitszeit von 15 Stunden für Erwachsene und 14 Stunden für Kinder unter 12 Jahren. Zwanzig Jahre später führte er den 12-Stunden-Tag und den Mutterschaftsurlaub von sechs Wochen ein. 1877 wurde die Kinderarbeit in der Schweiz verboten. Die erste Krankenkasse entstand 1818 im Aargau, 1890 wurde die Unfall- und Krankenversicherung in der Schweiz verpflichtend. Die allgemeine Rente (AHV/IV) wurde jedoch erst 1948 eingeführt. Die älteste Gewerkschaft in der Schweiz ist die Druckereigewerkschaft von 1861. Aus Vorformen entstanden 1880 der Schweizerische Gewerkschaftsbund und 1888 die Sozialdemokratische Partei der Schweiz.

Diese Informationen und Jahreszahlen können vielleicht ein ungefähres Bild davon vermitteln, welch starker ökonomisch-gesellschaftlicher Dynamik die Schweiz im 19. Jahrhundert ausgesetzt war. Das Jahrhundert, in dem die Schweiz zu dem wurde, was sie in grossen Teilen und in weiterentwickelter Form heute noch ist und in dem viele der Konzerne entstanden, die auch im 20. Jahrhundert noch prägend waren und es zum Teil noch heute sind, war das 19. Jahrhundert. Erst wenn man sich diese grosse anfängliche Dynamik vor Augen führt, wird verständlicher, dass die Schweiz – zumindest partiell – auch die Wiege sein konnte für Anarchismus, Sozialismus und Weltrevolution.

Die Schweiz selbst war zwar wegen der verbreiteten Selbstzufriedenheit insbesondere des Bürgertums nach dem Ende des Sonderbundkriegs 1848 kein Boden, auf dem die Saat radikaler, gar revolutionärer Bewegungen aufging, aber man liess doch Menschen mit derartigen Gesinnungen aufgrund der neuen, liberalen Grundhaltung recht lang gewähren und bot den in anderen Ländern Verfolgten Schutz. So wurden hier doch etliche Ideen entwickelt und Pläne geschmiedet, die in der übrigen Welt Wirkung entfalteten. Ausserdem ist das 19. Jahrhundert das erste, in dem man mit vollem Recht von einer Globalisierung sprechen kann. Das Dampfschiff in die USA brauchte von Europa aus nur noch acht Tage, die erste Telegrafieverbindung zwischen den Kontinenten gab es seit 1866, innerhalb Europas war das Telegrafieren bereits zehn Jahre zuvor möglich. Die Welt rückte näher zusammen, und per Telegrafie hatten viele der Gruppen auch Kontakt untereinander und ermutigten sich gegenseitig. Was einmal im grenzenlosen Internet endete, hatte also hier schon deutliche Vorformen und inspirierte natürlich auch zu Ideen wie der Weltrevolution.

Und diese Internationalität ist keineswegs Schimäre oder Wunschtraum: Zur Gründung der Antiautoritären Internationalen 1872 in St. Imier im Berner Jura kamen nicht nur Arbeiter aus der Schweiz, sondern aus Spanien, Italien, Frankreich und den USA. Dort treffen sich Anarchisten übrigens heute noch gelegentlich.

Aber warum taucht der Anarchismus in einem Buch über die Philosophie in und aus der Schweiz auf? – Nun, es fällt auf, dass die wichtigsten Akteure, James Guillaume und Michail Bakunin, Philosophen waren. Und der Anarchismus beruht natürlich auf anthropologischen und staatsphilosophischen Überlegungen. Und auch andere, wie Élisée Reclus oder Peter Kropotkin, haben philosophisch und ethisch relevante Texte verfasst. Der Anarchismus ist ja nicht nur ein Kampf gegen ungerechte Verhältnisse, sondern eine anthropologisch, ethisch, geschichtsphilosophisch und staatsphilosophisch begründete Vorstellung davon, wie menschliches Zusammenleben sinnvoll geordnet werden kann. Er ist ein Sich-Aufbäumen gegen Heilsvorstellungen, mit denen Machtausübung gerechtfertigt wurde, wie sie die Religion vermittelt, mit denen aber auch Staaten ihre Unterdrückung begründen. Philosophisch ist er aber auch ein Sich-Aufbäumen gegen den autoritären Absolutheitsanspruch, der schon in der Fortschrittsidee Hegels vom Weltgeist, der durch die Geschichte ohne Rücksicht auf Verluste die Vernunft und Freiheit zur Vollendung führe, und gegen die Vorstellung von Marx, alles müsse irgendwann am Ende der Klassenkämpfe im Kommunismus enden.

Man kann sich die Schweizer Anarchisten der damaligen Zeit auch als Menschen mit einem feinen Gespür für Freiheit und für die Gefahren einer Macht, die sich nicht mehr sachlich rechtfertigen muss vor denen, die sie betrifft, vorstellen. Wahrscheinlich ahnten sie, wie gefährlich eine Mischung aus Ideologie und totalitären Ansprüchen war, wie sie sich Ende der sechziger Jahre des 19. Jahrhunderts in der *Internationale* (voll ausgeschrieben: «Internationale Allianz der Sozialen Demokratie») abzuzeichnen begann, und wohin sie führen könnte: in den Ruin der Idee des Sozialismus – vor allem nachdem sich auch die Sozialdemokraten aus dieser Bewegung zurückgezogen hatten.

James Guillaume (1844–1916)

Fast alles, was die Schweiz heute ausmacht, entstand also erst im 19. Jahrhundert: der demokratische Bundesstaat, die grossen Konzerne, die Bahn, der Tourismus und Alpinismus, die Seil- und Zahnradbahnen, die Schweiz als Sitz internationaler Organisationen etc. Allerdings war es auch eine Zeit heftiger ökonomischer und gesellschaftlicher Dynamik, in der sich viel veränderte und erkämpft wurde und in der die Schweiz stolz war auf Neutralität und Liberalität. So konnten hier viele Leute frei leben, die in anderen Ländern verfolgt wurden.

Der Sozialismus fand in der Schweiz nur Resonanz in der Form der Sozialdemokratie, die den Staat durch Reformen verändern und sozialer machen wollte, aber kaum in radikalen, revolutionären Ausprägungen. In der Form des Anarchismus jedoch fanden sich etliche Anhänger, v. a. unter den Jura-Uhrmachern, und das hatte Auswirkungen auf die dadaistische, libertäre und alternative Szene bis in die Gegenwart.

James Guillaume wurde als Sohn eines Schweizer Uhrenhändlers in London geboren. Nachdem sich die Neuenburger gegen Preussen erhoben und eine republikanische Verfassung gegeben hatten, kehrte die Familie 1848 dorthin zurück. Guillaume studierte Philosophie und Literatur und wurde Lehrer an der Gewerbeschule in Le Locle. Bei Abendvorlesungen las er mit den Lehrlingen Feuerbach, Fourier und Darwin. 1866 gründete er in Le Locle eine Sektion der *I. Internationalen*, die in London von Marx gegründet worden war. Von 1868 bis 1870 gab er die anarchistische Zeitung *Le Progrès* heraus. Ideologische Unterschiede führten zur Spaltung der Internationalen. Deren Generalrat schloss Bakunin und Guillaume aus; dies führte zur Gründung der *Antiautoritären Internationale* in St. Imier 1872. Die meisten im Jura beheimateten Sektionen schlossen sich der Antiautoritären Internationale an und in der *Juraföderation* zusammen. Ab 1872 gab Guillaume eine anarchistische Wochenzeitschrift heraus, den *Bulletin de la Fédération jurassienne.* Der Jura-Anarchismus entwickelte sich aus freier Diskussion der Ideen Bakunins und Guillaumes, später schloss sich ihnen Kropotkin an und half bei der anarchistischen Agitation.

Guillaume war wegen seiner politischen Agitation als Lehrer entlassen worden und übernahm nun die Hausdruckerei seiner Familie in Neuenburg. 1878 musste er nach Paris auswandern, wo er in einem Verlag arbeitete, sich aber nicht mehr politisch betätigte. Seit 1898 lebte er wieder teilweise in der Schweiz, teils in Paris. Er schrieb seine Erinnerungen auf und engagierte sich wieder anarcho-syndikalistisch.

Michail Bakunin (1814–1876) – Anarchist, Revolutionär und Philosoph

Bakunin wurde mit 15 Jahren auf die Artillerieschule St. Petersburg geschickt und machte eine militärische Ausbildung. Er verzichtete jedoch auf eine militärische Karriere und studierte 1838 in Moskau Philosophie. In seinem Studium interessierte ihn der Deutsche Idealismus besonders, und darum ging er 1840 zum Weiterstudieren nach Berlin. Dort geriet er unter den Einfluss der Junghegelianer (z. B. Feuerbach) und wurde Materialist und Revolutionär. 1843 ging er mit Georg Herwegh nach Zürich, weil er sich in Deutschland nicht mehr sicher fühlte. Währenddessen wurde er von den russischen Behörden in Abwesenheit zu unbefristeter Zwangsarbeit verurteilt und sein Adelstitel wurde ihm aberkannt. 1844 ging er nach Paris und hatte dort Kontakt mit Marx und eine enge Freundschaft mit Proudhon. 1848 nahm er am Aufstand in Prag teil, 1849 am Dresdner Aufstand zur Durchsetzung einer sächsischen Republik. Dort wurde er verhaftet, zum Tode verurteilt, zu lebenslangem Kerker begnadigt und dann an Österreich ausgeliefert, das ihn wiederum an Russland auslieferte. Dort sass er von 1851 bis 1854 im Kerker in St. Petersburg, anschliessend am Ladogasee, in Tomsk und dann in Irkutsk. Hier am Baikalsee konnte er in relativer Freiheit leben, bis ihm 1861 die Flucht nach Japan, von dort in die USA und dann nach London gelang. 1866 verfasste er in Neapel einen *Revolutionären Katechismus* und gründete 1867 in Genf die internationale *Liga für Frie-*

den und Freiheit. Der zweite Kongress der Liga fand 1868 in Bern statt und forderte ökonomische Gleichheit aller. In Genf leitete er das Zentralbüro der *Internationalen Allianz der Sozialen Demokratie.* 1869 kommt es zwischen Marx und Bakunin bzw. der Londoner Sektion der *Internationalen* (Generalrat) zu einer Kontroverse über das von Bakunin abgelehnte Erbeigentum. 1871 forderte die *Jura-Föderation* eine Beschränkung der Kompetenzen des Generalrats und im folgenden Kongress der *Internationalen* wurden Bakunin und Guillaume ausgeschlossen, worauf sich in St. Imier die *Antiautoritäre Internationale* konstituierte, bei der Bakunin bis 1873 Mitglied war.

Am 1. Juli 1876 starb Bakunin in Bern, wo er zwei befreundete Ärzte aufgesucht hatte. Er ist auf dem Berner Bremgartenfriedhof begraben. Das Grab wird von einer Initiative aus dem Umkreis des Cabaret Voltaire in Zürich, das den anarchistisch-dadaistischen Geist auch heute noch pflegt, unterhalten.

Seine philosophisch bedeutendsten Schriften sind *Gott und der Staat* sowie *Staatlichkeit und Anarchie.* Seine Briefe zum Konflikt mit Marx sind ideengeschichtlich ebenfalls interessant, da Bakunin die basisdemokratischen Bewegungen unterstützte, die im 20. Jahrhundert seit der 68er-Bewegung wieder neuen Auftrieb erfahren haben, während Marx sich für zentralistische Organisationsformen ausspricht.

Dem Anarchismus liegt die Überzeugung zugrunde, die Bakunin in die Worte fasste: «Nur durch die Freiheit anderer werde ich wahrhaft frei, derart, dass, je zahlreicher die freien Menschen sind, die mich umgeben und je tiefer und grösser ihre Freiheit ist, desto weiter, tiefer und grösser auch die meine wird.»[10] Und es gilt auch: «Die wahre, wirkliche Liebe, als Ausdruck eines gegenseitigen und gleichen Bedürfens, kann nur zwischen Gleichen bestehen.»[11] Dementsprechend muss also das Bemühen dahin gehen, alle Menschen so weit wie möglich frei und gleich werden zu lassen. Erst durch die starke Betonung der Gleichheit und das Denken von Freiheit nicht als individuelle Errungenschaft (oder gar Gegebenheit), sondern als gesellschaftliche Herausforderung unterscheidet sich der Anarchismus.

Élisée Reclus (1830–1905) – ein anarchistischer Geograf

Es verblüfft vielleicht, dass die prägenden Anarchisten der Schweiz überwiegend aus dem Ausland kamen und entweder Philosophen oder Geografen waren. Ein Zufall? Zumindest ein für das 19. Jahrhundert mit dessen Höhepunkt des Imperialismus und Kolonialismus gut passender: Die Welt wurde als eine zusammenhängende immer bewusster und die Fragen, wo welche Bedingungen herrschten und unter welchen Bedingungen Menschen dort lebten, waren sehr naheliegend für die weitere Entwicklung eines Bewusstseins von dieser Welt. So wurden Geografie, Ethnografie und schliesslich auch Soziologie immer bedeutendere Wissenschaften. Reclus, der neben seinen fachlichen Qualifikationen grosse literarische Fähigkeiten besass, hatte sich zur Aufgabe gestellt, dieses geografische Weltwissen populärwissenschaftlich und umfassend zu präsentieren, was ihm mit seiner neunzehnbändigen, hauptsächlich in der Schweiz verfassten *Nouvelle Géographie Universelle* auch gelang. Kurz vor seinem Lebensende legte er auch die anarchistisch geprägte Sozialgeografie *L'homme et la terre* vor.

Reclus war ein französischer Geograf, der in Berlin studierte und 1871 nach seiner Teilnahme an der Pariser Commune ins Exil musste, lange Zeit davon in die Schweiz. 1882 initiierte er eine Anti-Ehe-Bewegung und erlaubte seinen Töchtern, ohne kirchlichen und staatlichen Segen zu heiraten. Reclus wurde mit anderen Anarchisten wie Kropotkin in Frankreich für diese Kampagne verurteilt, sein Schweizer Wohnsitz rettete ihn jedoch vor der Haft. 1894 erhielt er eine Professur in Brüssel an der von ihm mitgegründeten *Université Nouvelle.*

Ausserdem war Reclus auch ein Vorkämpfer der vegetarischen Lebensweise und schrieb 1901 in *Zur vegetarischen Lebensweise:*

> Es ist nur eines der traurigsten Ergebnisse unserer Gewohnheit Fleisch zu essen, dass die dem Appetit des Menschen geopferten Tiere mit System und Methode zu scheusslichen, unförmigen Wesen erklärt und ihre Intelligenz und ihr moralischer Wert herabgemindert wurden.

Peter Kropotkin (1842–1923) – Geograf, Schriftsteller und Anarchist

Peter Kropotkin war der einflussreichste Theoretiker des kommunistischen Anarchismus. Er entstammte einer reichen russischen Adelsfamilie, auf deren Gütern 1200 Leibeigene arbeiteten. Er wurde umfangreich und gut unterrichtet durch mehrere Privatlehrer und er beschäftigte sich vor allem mit französischer Geschichte, insbesondere der Revolution. Nach der Aufhebung der Leibeigenschaft durch Zar Alexander II. betätigte er sich als Lehrer in Sonntagsschulen für ehemalige Leibeigene und wurde schliesslich zum Pagen des Zaren ernannt. So lernte er diesen persönlich kennen, was eine ernüchternde Erfahrung war. Während seiner Zeit im Pagenkorps lernte er auch Deutsch und wurde vertraut mit der deutschen Literatur. Um dem Hof zu entkommen, liess sich Kropotkin in ein Kosakenregiment in der Amur-Region versetzen, um dort seinen geografischen Interessen nachzugehen. Sein liberaler General dort gab ihm darüber hinaus die Möglichkeit, sich mit radikaler russischer Literatur auseinanderzusetzen. Dort wurde er auch in den Anarchismus und den Sozialismus eingeführt. Er unternahm ausgedehnte Forschungsreisen in bis dahin unbekannte Gebiete und schrieb eine für die Entwicklung Sibiriens wichtige Abhandlung darüber. Zurück in St. Petersburg forschte er weiter und stellte u. a. Gletschertheorien auf. 1872 gab er die Forschung auf, um sich seinem politischen Engagement zu widmen. Zuerst reiste er in die Schweiz, nach Genf zur *Internationalen Arbeiterassoziation*, dann in den Jura zu James Guillaume und Adhémar Schwitzguébel und schloss sich der *Juraföderation* an. Nach drei Monaten gab Guillaume ihm den verhängnisvollen Rat, nach Russland zurückzukehren und dort für den Sozialismus zu wirken, was er tat und woraufhin er dort 1874 eingekerkert wurde. Einige Zeit später gelang ihm allerdings eine spektakuläre Flucht nach Finnland, dann nach Edinburgh und schliesslich nach London, wo er für die Zeitschrift *Nature* arbeitete. 1876 kehrte er allerdings schon wieder in die Schweiz zurück und gründete eine Gruppe, die in Bern die anarchistische *Arbeiterzeitung* herausgab. Er war Delegierter der *Antiautoritären Internationale* und am sozialistischen Weltkongress in Gent, von wo er allerdings nach London und daraufhin Paris fliehen musste. Er heiratete und kehrte in die Schweiz zurück. In der Schweiz war Kropotkin Anarchist geworden, und hierhin zog es ihn mehrmals zurück. Dort gründete er in Genf die Zeitung *Le Révolté* und arbeitete mit Élisée Reclus an der *Géographie universelle.* 1881 nahm er am anarchistischen Kongress in London teil. Danach wurde er auf Druck Russlands aus der Schweiz ausgewiesen und liess sich nun im genfnahen französischen Thonon am Genfersee nieder. 1882 wurde er inhaftiert und setzte seine Arbeit im Gefängnis fort. Alfred Russel Wallace, Victor Hugo u. a. forderten seine Freilassung. Danach ging er nach London, gründete dort die *Freedom Group* und wurde, da berühmt, zum Sprachrohr der Bewegung. Ab den 90er Jahren entstanden die meisten seiner Bücher, insbesondere seine umfangreichen Memoiren. Sein gegen den Sozialdarwinismus sich wendendes Werk *Gegenseitige Hilfe in der Tier- und Menschenwelt* erschien 1902. Bei Ausbruch des Ersten Weltkriegs forderte Kropotkin die anderen Anarchisten auf, gegen Deutschland zu kämpfen, was innerhalb der anarchistischen Bewegung zum Bruch führte. 1917 nach der Februar-Revolution kehrte er nach Russland zurück. 1919 unterhielt er sich mit Lenin und kritisierte gewisse Praktiken der Regierung. Er starb 1921 an einer Lungenentzündung. Hunderttausende folgten bei seiner Beerdigung seinem Sarg. Der russische Staat gab sogar den inhaftierten Anarchisten für einen Tag Urlaub, damit sie an der Beerdigung teilnehmen konnten. Anschliessend wurde das Klima für die Anarchisten in Russland – die immer mehr als Gegner gesehen wurden – sehr viel härter.

Wera Nikolajewna Figner (1852–1942)

Die utilitaristische Philosophin und spätere Sozialrevolutionärin (Narodniki) studierte in Zürich Medizin. Sie war an der Ermordung des Zaren beteiligt und lebte während des Ersten Weltkriegs in Clarens bei Genf, ging dann aber wieder nach Russland und wurde Vorsitzende des Komitees zur Ehrung Kropotkins, das in seinem Haus nach seinem Tod ein Museum einrichtete. Berühmt wurde sie durch ihr auch ins Deutsche übersetztes Buch *Nacht über Russland.*

Lenin und die in der Schweiz geplante Revolution

Auf Lenin will ich nur kurz eingehen, da er natürlich politisch, nicht aber philosophisch bedeutsam ist. Um aber das politische Klima während des Ersten Weltkriegs in der Schweiz zu verdeutlichen, ist ein Blick auf Lenin und sein Umfeld wichtig: Er lebte eineinhalb Jahre in Bern im Seidenweg 4a und verstand sich als Kämpfer für wahren Sozialismus, d. h. gegen jeglichen politischen Opportunismus. Während seiner Schweizer Zeit war er zunächst in Bern, dann in Zürich in der Spiegelgasse nahe dem Cabaret Voltaire ansässig. Von dort aus fuhr er schliesslich mit revolutionären Genossen im plombierten Zug nach St. Petersburg und führte dort die Revolution an. Während seiner Berner Zeit fanden zwei wichtige Konferenzen der *Sozialistischen Internationale* statt, die Robert Grimm organisiert hatte, 1915 in Zimmerwald und 1916 im Kiental. Beides sind relativ abgelegene, konservative Dörfer, in denen man dazumal damit rechnen konnte, dass niemand sich für den Zweck des Treffens interessierte oder gar Teilnehmer erkannte. Die Teilnehmer kamen aus unterschiedlichsten Ländern, v. a. aus Deutschland und Russland (auch Trotzki und Lenin waren dabei). Hier zeigte sich der Unterschied zwischen der revolutionären und der pazifistischen Linken. Letztere war zwar in der Mehrheit, doch die erste hatte mit Lenin einen schlagkräftigen Anführer. So führten auch diese Konferenzen dazu, Lenin darin zu bestärken, von der Schweiz aus die Weltrevolution – und zunächst einmal die russische Revolution – ideologisch und organisatorisch vorzubereiten.

V. 20. Jahrhundert

9. Philosophinnen in der Schweiz im 19. und beginnenden 20. Jahrhundert

Die Bedeutung der Frauen in der Schweizer Philosophie ist ähnlich wie in den umgebenden Ländern: Sie nimmt zu in der Zeit der Aufklärung, da etliche gebildete Frauen Treffpunkte in Form von literarischen und philosophischen Salons organisierten. Die Rolle als Gastgeberin war noch in etwa mit dem traditionellen Frauenbild in Übereinstimmung zu bringen, also war diese Betätigung anerkannt. Seltener fand sich eine literarische Betätigung, die über das Verfassen von teilweise sehr intellektuellen Briefen hinausging (der Brief war in jener Zeit das Haupt-Dialogmedium, das ein gelehrtes Publikum ermöglichte). Julie Bondeli und Madame de Staël waren die Schweizer Frauen mit dem klarsten Interesse für Philosophie.

Im 19. Jahrhundert hatten die Frauen einen schwereren Stand: Die Bedeutung des Adels und der übrigen im Ancien Régime herrschenden Familien war dahin, und da viele philosophieinteressierte Frauen aus diesem Milieu gekommen waren, dominierten erst einmal die bürgerlichen Philosophen (Männer), hauptsächlich weniger bedeutende Lehrer, bis Mitte des Jahrhunderts der Bundesstaat geschaffen war. Doch auch in der zweiten Hälfte des 19. Jahrhunderts hätte sich ohne die Anregungen von aussen, ohne die vielen Immigranten aus Frankreich, Russland und Deutschland in der Schweiz nicht viel getan: Lou Andreas Salomè, die Philosophin und Psychoanalytikerin aus einer russisch-deutschen Familie, lebte zwei Jahre (1880–1882) in der Schweiz, in denen Nietzsche und Paul Rée sich in sie verliebten, und Anna Tumarkin schloss 1895 ihr Studium der Germanistik, Geschichte und Philosophie mit Bestnote ab. Sie war Jüdin, wie so viele Ende des 19. und Anfang des 20. Jahrhunderts aus Russland Emigrierende.

Das Banner der Vernunft in der Schweiz haben in der zweiten Hälfte des 19. und Anfang des 20. Jahrhunderts zu einem grossen Teil Russinnen und Russen hochgehalten. Seit den 1860er Jahren wuchs die Zahl russischer Studenten, bis sie schliesslich im Jahr 1909 mit einem Anteil von etwa 40 Prozent aller Studierenden den Höhepunkt erreichte; an den Unis in Lausanne und Genf waren Russen sogar in der Überzahl. Es waren v. a. Frauen und Juden, die so die Studienbeschränkungen in ihrer Heimat umgingen. Die erste Promotion einer Frau war so auch die einer Russin. 1873 lag der Frauenanteil in der Universität Zürich bei 26 Prozent (114 absolut); die meisten (109) kamen aus Russland. Im ersten Jahrzehnt des 20. Jahrhunderts studierten in der Schweiz v. a. ausländische Frauen (überwiegend aus Russland und Deutschland), erst dann schrieben sich Schweizerinnen vermehrt ein.

Anna-Ėster Pawlowna Tumarkina (Anna Tumarkin) (1875–1951)

Tumarkin, geboren in einem Ort im heutigen Weissrussland, wuchs in Chisinau auf, das damals ebenfalls zu Russland gehörte und heute die Hauptstadt der Republik Moldau ist. In Bern studierte sie Philosophie bei Ludwig Stein, Germanistik und Geschichte und promovierte 1895. Anschliessend ging sie nach Berlin zu Dilthey und habilitierte sich bei ihrer Rückkehr 1898.

Titularprofessorin in Philosophiegeschichte und Ästhetik wurde sie 1906, später auch in anderen Gebieten, nachdem Stein, der sich immer dezidiert gegen die Rassenlehre ausgesprochen hatte, wegen einer antisemitischen Kampagne hatte zurücktreten müssen. Als erste europäische Philosophieprofessorin amtierte Tumarkin von 1909 bis 1943 als ausserordentliche Professorin mit dem Recht, Dissertationen und Habilitationen zu beurteilen. Sie wurde als Frau natürlich geringer bezahlt als ihre männlichen Kollegen: Sie bekam 450.– CHF im Jahr. Ihre Schwerpunkte waren zunächst Ästhetik, dann Psychologie und Hermeneutik und schliesslich Schweizer Philosophie. Tumarkin war u. a. auch die Doktormutter von Heinrich Barth, dem späteren Philosophieprofessor von Basel.

Ėster Tumarkina lebte in Bern zusammen mit der fünf Jahre jüngeren Schulärztin Ida Hoff, die auch in Russland geboren, ebenfalls Jüdin war und ebenfalls in Bern studiert hatte (Medizin). Sie war eine der ersten Frauen der Schweiz mit Führerschein und Auto. Tumarkina war seit 1921 Schweizer Staatsbürgerin (wofür sie 300.– CHF zu zahlen hatte). Beide engagierten sich 1928 in der Schweizerischen Ausstellung für Frauenarbeit (Saffa), die mehr Anerkennung für den weiblichen Anteil der Arbeit in der Schweiz zu schaffen versuchte und ein grosser Erfolg war. Sie sollte in die Erlangung des Frauenstimmrechts münden, für das sich Tumarkin und Hoff zeitlebens einsetzten. Dieses wurde ja leider in Europa von der Schweiz und Liechtenstein als letzten eingeführt (1971 und 1984). Tumarkin nominierte auch Carl von Ossietzky für den Friedensnobelpreis 1935, den er 1936 verliehen bekam. Dieser sollte ihm relativen Schutz vor der Verfolgung durch die Nazis verleihen, doch er wurde von ihnen trotzdem 1938 ermordet.

Ihre Philosophie richtete sich aus an Dilthey, Kant und Platon, ist also überwiegend idealistisch. Mit Wilhelm Dilthey sieht sie einen teleologisch zu verstehenden Strukturzusammenhang des Lebens und kritisiert infolgedessen das naturwissenschaftliche Psychologieverständnis. Die von ihr bevorzugte «verstehende Erkenntnis» versucht das Idealtypische am Gegenstand zu erkennen, so dass «die ganze bewegte Gestalt» deutlich wird. So kann sie später auch z. B. vom «besonderen Gepräge des schweizerischen Geistes» sprechen. Durch das Typische lässt sich auch die «Einheit des Seelenlebens», sein «Sinnzusammenhang» erfassen. Nur von diesem Zusammenhang her lässt sich das Leben verstehen, nicht aus der einzelnen Erscheinung. Das Leben in seinem Zweckzusammenhang, vom Gattungserhalt über die Selbsterhaltung bis zu selbstgesetzten Zwecken offenbart das Ideelle.

Das geistige Leben in der Schweiz erwachse aus dem Eigenen und sei keine Kopie von importierten Gedanken. Skeptisch, selbstständig, auf Ausgleich und Pluralität sei das schweizerische Geistesleben bedacht, an Fragen der Rechtsstaatlichkeit und der Pädagogik interessiert, Untertanendenken finde man nicht, dafür eine Vermittlung zwischen religiöser Ethik und gesundem Menschenverstand. 1944, als Europa in Trümmern lag und Tumarkinas eigene Familie in den Lagern vergast wurde, wies sie auf die Humanität der Naturrechtslehre hin, insbesondere auf den Genfer Philosophen Jean-Jacques Burlamaqui.

Weiter schreibt sie zur schweizerischen Philosophie:

> Auch bei der kritischsten Einstellung dem schweizerischen Denken gegenüber bleibt der allgemeine Eindruck, den man im Verkehr mit den Schweizern von der Eigenart ihres Denkens gewinnt, derjenige einer diesem schweizerischen Denken eigentümlichen Sachlichkeit. [...] Das ist jener praktische Idealismus der Schweizer, der zwar dem Menschen seine Ziele nicht hoch genug setzen kann, der aber, im Gegensatz zu dem spekulativen Idealismus der deutschen Philosophie des 19. Jahrhunderts, auch schon bei seiner Zielsetzung weder die Bedürfnisse des

wirklichen Lebens noch die ihm selbst zu Gebote stehenden Kräfte aus den Augen lässt, sondern alle seine Ziele im Hinblick auf die praktische Gestaltung des Lebens fasst. (Anna Tumarkin: Wesen und Werden der schweizerischen Philosophie, Frauenfeld 1948, S. 9 und 29.)

10. Philosophische Anthropologie und Entwicklungspsychologie

Die philosophische Anthropologie spielte vor allem in der ersten Hälfte des 20. Jahrhunderts in der deutschsprachigen Philosophie und darüber hinaus eine grosse Rolle. Interessant hierbei ist, dass die nach Kant zentrale philosophische Frage «Was ist der Mensch?» hier zwar philosophisch, aber oft auf dem Hintergrund und den Erkenntnissen anderer Disziplinen wie der Zoologie, der Soziologie und der Entwicklungspsychologie neu beantwortet wird. Die Vorstellungen zur Anthropologie waren ja zuvor durch Darwin und durch Freud in vielerlei Hinsicht umgestossen und zum Teil auf eine neue Basis gestellt, auf jeden Fall aber verunsichert worden. Daher erstaunen die von unterschiedlichen Richtungen unternommenen Neuentwürfe nicht. Man wollte auch die philosophischen Reflexionen über den Menschen zunehmend auf eine wissenschaftliche, und das hiess auf eine so naturwissenschaftliche Grundlage wie nur möglich stellen.

Adolf Portmann (1897–1982)

Portmann wurde in Basel geboren und wirkte auch später als Professor für Zoologie dort bis 1968. 1941 veröffentlichte er erstmals einen Beitrag zur Sonderstellung des Menschen in der Natur.[12] Es folgten weitere Beiträge zur philosophischen Anthropologie. Gegenüber den grundbegrifflichen Ansätzen von Plessner und Scheler behandelte Portmann v. a. das erste Lebensjahr aus entwicklungsgeschichtlicher (ontogenetischer und phylogenetischer) Sicht.

Zentrale, von ihm geprägte anthropologisch-biologische Begriffe sind «physiologische Frühgeburt», «Nesthocker» und «Nestflüchter». Den Menschen bezeichnete er als physiologische Frühgeburt, der als sekundärer Nesthocker eine offene Präge- und Lernphase im «sozialen Uterus» der Familie verbringt. Dadurch gelangt der Mensch zu seiner «Weltoffenheit» – er ist gewissermassen «zur Freiheit verurteilt» (Sartre).

Ein weiteres Thema war die äussere Gestalt der Tiere. Er stellte die zu seinen Lebzeiten heftig umstrittene These auf, dass die Gestaltung der Oberfläche nicht allein aus deren adaptivem Wert zu erklären sei. Man müsse darüber hinaus ein expressives Moment als Merkmal des Lebendigen annehmen: «Wenn Lebewesen nicht deshalb da wären, damit Stoffwechsel getrieben werde, sondern Stoffwechsel treiben, damit das Besondere, das sich in Weltbeziehung und Selbstdarstellung verwirklicht, eine Weile in der Welt Bestand habe?»[13] Durch diese Idee liess sich Hannah Arendt in ihrer Kritik am Funktionalismus anregen.

Schliesslich interessierte er sich für Wahrnehmung und Verhalten der Tiere. 1953 erschien das verhaltensbiologische Werk *Das Tier als soziales Wesen*, bei dem seine Aufnahme des Begriffs «Innenwelt» der Tiere von Jakob Johann von Uexküll (bei Portmann: «Innerlichkeit») für Kontroversen sorgte.

Portmann war ein wesentlicher Denker der philosophischen Anthropologie und beeinflusste auch andere Denker dieser Richtung wie Max Scheler, Helmuth Plessner und Arnold Gehlen. Portmann begründete ausserdem die Stiftung «Schweizer Jugend forscht».

Helmuth Plessner (1892–1985)

Der aus einer jüdisch-christlichen Familie stammende Plessner wuchs im Kaiserreich auf und lehrte später v. a. in Deutschland, den Niederlanden und den USA. Erst in den 1960er Jahren hatte er einen Philosophie-Lehrstuhl an der Uni Zürich. Er war Mediziner, Zoologe, Philosoph und Soziologe und stand auch der Frankfurter Schule nah. Plessner ist in Erlenbach am Zürichsee begraben. Auch seine Philosophie fusst v. a. auf der philosophischen Anthropologie.

Plessner interessierte weniger die Entwicklung als die menschliche Exzentrizität. Das Leben versteht er als Grenzleistung, als Fähigkeit, auf charakteristische Weise innen und aussen zu trennen und dabei weltgeöffnet (exzentrisch) zu bleiben. In welcher Weise man sich nach aussen zeigt, bestimmt die Expressivität. Pflanzen sind offen organisiert ohne zentrale Organe, Tiere sind zentrisch organisiert und leben aus einem Mittelpunkt heraus, der Mensch ist exzentrisch, denn er kann in ein reflexives Verhältnis zu seinem Leben treten. Aus diesem reflexiven Verhältnis ergibt sich das Selbstbewusstsein, das Plessner aus seiner biologischen Wurzel heraus entwickelt. Begrifflich fasst er diese Organisationsweise als Doppelaspekt: Der Mensch hat einen Körper und ist zugleich ein Leib, ein Begriff, der ihn in die Nähe der Leibphänomenologie rückt. Plessner ruft zur Ausbildung einer philosophischen Urteilskraft auf, als verwirklichte Skepsis. In den sprachlosen Äusserungen des Lachens oder Weinens identifiziert er Verhaltensweisen, die nur einem Lebenssubjekt eignen, das selbst eine sinnhafte Beherrschung aller Lebenslagen im fragil bleibenden Selbstverhältnis zu seinem Körper finden muss.[14] In Krisen des Geistes, in sinnhaft unbeantwortbaren Grenzlagen, übernimmt der verselbstständigte Körper Funktionen der Daseinsbewältigung. Die Welt zeigt sich dem Menschen als Aussenwelt, Innenwelt und Mitwelt.

Ludwig Binswanger (1881–1966)

Ludwig Binswanger wuchs in der Klinik seiner Familie, dem *Bellevue* in Kreuzlingen, auf. Er studierte in Lausanne, Zürich und Heidelberg. Als Assistenzarzt arbeitete er am Burghölzli in Zürich, wo er Eugen Bleuler und C. G. Jung kennenlernte, von dem er auf die Psychoanalyse aufmerksam gemacht wurde. Jung und Binswanger fuhren 1907 zu Freud nach Wien, woraus sich eine Freundschaft zwischen Binswanger und Freud bis zu dessen Tod entwickelte. 1912 machte Freud einen Gegenbesuch in Kreuzlingen, nachdem Binswanger ein Jahr zuvor nach dem Tod seines Vaters die ärztliche Leitung der Klinik dort hatte übernehmen müssen.

1942 veröffentlichte er sein Hauptwerk *Grundformen der Erkenntnis menschlichen Daseins*, in dem er die anthropologisch fundierte «Daseinsanalyse», inspiriert von der Psychoanalyse und der Existenzphilosophie, entwickelte. Mit seiner Arbeit bewegt er sich deutlich in dieser geisteswissenschaftlichen Tradition. Bereits Sören Kierkegaard hatte das Selbstseinkönnen und -müssen des Menschen thematisiert. Ausgehend von Wilhelm Diltheys Diktum «Die Natur erklären wir, das Seelenleben verstehen wir» ist auch für Binswanger menschliches Sein nicht auf Organisches reduzierbar und lässt sich deshalb nicht allein rational-analytisch erfassen.

Binswanger bezieht sich mit dem Begriff Dasein auf das «Dasein» in Heideggers *Sein und Zeit.* Dasein meint hier den Menschen in seiner Existenz. Dasein bestimmt Heidegger als «In-der-Welt-Sein», Binswanger als «In-der-Welt-über-die-Welt-hinaus-Sein». Binswanger ist zwar von Heideggers Philosophie beeindruckt, doch ihm fehlt darin die Daseinsgestalt der Liebe. In *Grundformen und Erkenntnis menschlichen Daseins* räumt er der Liebe den Vorrang vor der Angst ein. Während bei Heidegger der Mensch jenes Seiende ist, das «im Grunde seines Seins sich ängstet», weil seine Existenz «durch und durch von Nichtigkeit durchsetzt» ist, lebt nach Binswanger der Mensch seinem Wesen nach in der «ungeschiedenen Seinsfülle des Einander». Nicht als «Sorge» wie Heidegger, sondern als «Liebe» fasst Binswanger das Dasein. Der «Jemeinigkeit» Heideggers stellt er die «Wirheit im liebenden Miteinandersein» entgegen. So wird das nicht mehr auf Sorge fussende Dasein zu einem «In-der-Welt-über-die-Welt-hinaus-Sein».

Die Daseinsanalyse dient Binswanger zur Erforschung von Geisteskrankheiten. Hierzu bedient er sich der Analyse des jeweiligen «Weltentwurfs». Er verweist darauf, dass es die Weltentwürfe sind, die den geisteskranken vom gesunden Menschen unterscheiden, d. h. die Menschen leben zwar nicht in einer anderen Welt, aber in einem anderen Weltentwurf, der für andere schwer nachvollziehbar, aber krankheitsspezifisch ist. In seiner Studie *Über Ideenflucht* (1933) interessiert Binswanger z. B., wie sich die Wahrnehmungs-, Stimmungs- und Denkveränderungen auf das In-der-Welt-Sein der Betroffenen auswirken. Die Welt des ideenflüchtig-manischen Daseins beschreibt er als «unbegrenzt weit, leicht, flüchtig oder volatil, rosig, hell, leuchtend» und hebt den «springenden Modus des Daseins» hervor, eine sprunghafte Form der Auseinandersetzung von Ich und Welt. Durch das Überspringen wesentlicher Gedankenglieder kommt es zu einer «Unterbrechung der Sinnkontinuität von Gedanken». Dadurch wird das Verhältnis zur Welt flüchtiger und oberflächlicher als im «schreitenden» und «besonnenen» Daseins-Modus. Die manische Raumerschliessung geht schliesslich mit einer «Verdünnung der Raumerfüllung» einher, also mit einem Mangel, angemessen zu akzentuieren.

Weitere Theoretiker der Daseinsanalyse waren in Zürich Medard Boss und Gion Condreau sowie in Deutschland Alice Holzhey-Kunz. Während Ludwig Binswanger keine Schule begründen wollte, wurde die Daseinsanalyse durch Boss eine psychotherapeutische Schule. Ludwig Binswangers Gedanken haben auch die philosophische Anthropologie sehr befruchtet.

Carl Gustav Jung (1875–1961)

Jung war kein Philosoph, aber er hat das Geistesleben der Schweiz und der Welt doch sehr nachhaltig beeinflusst. Waren andere Psychologen rational orientiert, so wandte er sich dem Irrationalen zu und versuchte, es in seiner Bedeutung zu fassen. Der Mensch als nicht (nur) rationales Wesen findet bei ihm breite Akzeptanz:

> Die Jahre, in denen ich den inneren Bildern nachging, waren die wichtigste Zeit meines Lebens, in der sich alles Wesentliche entschied. Meine gesamte spätere Tätigkeit bestand darin, das auszuarbeiten, was in jenen Jahren aus dem Unbewussten aufgebrochen war und was mich zunächst überflutete. (Erinnerungen, Träume, Gedanken von C. G. Jung, Zürich/Düsseldorf 1997, S. 203)

Bilder, Strukturen und symbolische Wandlungsprozesse der Person waren das Hauptthema des Nachdenkens von Jung. Sie liegen gleichsam noch eine Schicht tiefer als das, was bisher (persönliches) Unbewusstes genannt wurde, weswegen Jung sie als «kollektives Unbewusstes» bezeichnet.

Jungs Deutungsansatz ist nicht kausal (wie bei Freud), sondern final (wozu geschieht es?). Zentral in den Strukturen des kollektiven Unbewussten sind Archetypen und Symbole.

Für Heidegger ist die Psychologie nur ein «Schielen nach dem Irrationalen, als der Missgeburt des ungedachten Rationalen».[15] Jung seinerseits schrieb, sowohl aus der Kenntnis der Schriften Heideggers als auch dieser Verdikte, 1943 in einem Brief an Arnold Künzli die schwerwiegenden Sätze: «Heideggers modus philosophandi ist durch und durch neurotisch und wurzelt letztendlich in seiner psychischen Verdrehtheit. Seine nähern und ferneren Geistesverwandten sitzen in den Irrenhäusern, teils als Patienten, teils als philosophisch entfesselte Psychiater.»[16] Anders als Binswanger, der sich von Heideggers Philosophie inspirieren liess, grenzte sich Jung, der die Bewegung der analytischen Psychologie gründete, von Heidegger und auch von Freud ab.

Es gibt Pathologien, aber es gibt auch das Geheimnisvolle, das viel über mögliche Heilungswege zu offenbaren vermag.

Jean Piaget (1896–1980)

Jean Piaget war Biologe, Erkenntnistheoretiker und Entwicklungspsychologe aus Neuenburg und beschäftigte sich intensiv mit Philosophie. Er versuchte Erkenntnis biologisch zu erklären und nahm dabei den Begriff des biologischen Systems zu Hilfe. Piaget geht davon aus, dass der Mensch zwei Grundfähigkeiten besitzt, die der Anpassung («Adaption») und die der «Organisation» bzw. «Integration». Letztere lässt sich z. B. damit veranschaulichen, dass ein Baby zunächst nur entweder schauen oder greifen kann, dann aber lernt, beide Systeme zu integrieren. Die Adaption besteht aus zwei Prozessen, dem Sich-Anverwandeln («Assimilation») und dem Sich-Einstellen («Akkomodation»). Die Anwendung dieser Fähigkeiten verändert nach und nach die psychische Struktur des Kindes. Die kognitive Entwicklung geht aus von den sensomotorischen Schemata (vorgegebene Wahrnehmungs- und Bewegungsstrukturen), die das frühkindliche Erkennen und Verhalten dominieren, und den sich herausbildenden operationalen bzw. kognitiven Schemata, die im Laufe der Entwicklung mehr und mehr vorherrschen und abstrahierte Formen menschlichen Verstehens und

Handelns sind. Ab ungefähr dem 18. Monat kommen Denken ermöglichende kognitive Schemata hinzu (z. B. Klassifikationsschemata).

Besonders bekannt auch über die fachwissenschaftlichen Grenzen hinaus wurde er durch die Stadien der kindlichen Entwicklung, die er postulierte:

1) *Das Stadium der sensomotorischen Intelligenz* (mit sechs Unterstufen, im Alter von null bis 18 Monaten, maximal 24 Monaten). Mit etwa 12 Monaten lernt das Kind, dass ein Objekt auch da ist, wenn man es gerade nicht wahrnimmt (Objektpermanenz). Danach beginnt es, zwischen Subjekt und Objekt zu unterscheiden. Die vorherrschende Spielform ist das Übungsspiel.
2) *Das präoperationale Stadium* (im Alter von 18 Monaten bis vier Jahren): Vorbegriffe (Vorstellungen und Symbole) bestimmen das Denken und die Sprache. Neu kommen Als-ob-Spiele hinzu.
3) *Das Stadium des anschaulichen Denkens* (im Alter von vier bis 7.5 Jahren): Weiter dominieren Vorstellungen und innere Bilder, nun kommen aber auch echte Begriffe, Kausalbewusstsein und Regelbewusstsein hinzu. Gegen Ende dieser Phase wird der frühkindliche Egozentrismus überwunden.
4) *Das Stadium der konkreten Operationen* (im Alter von 7.5 bis 11.5 Jahren): Regeln beziehen sich nun auf das Verhältnis mehrerer Begriffe zueinander. Es wird möglich, vorauszudenken und reflektiert gesteuert zu handeln. Auch logische Schlussfolgerungen über physische Phänomene und konkrete Situationen sind erkennbar. Die dominierende Spielform wird nun das Regelspiel.

5) *Das Stadium der formalen Operationen* (ab dem Alter von 11.5 Jahren): Die Kinder sind in der Lage, Probleme zu analysieren und zu durchdenken. Der Umgang mit abstrakten Inhalten ist nun möglich.

Piagets Modell hat viele Überlegungen und Forschungen ausgelöst und ist in der Folge von anderen Entwicklungspsychologen vielfach aufgegriffen und variiert worden. Generell geht man heute davon aus, dass insbesondere die frühkindliche kognitive Entwicklung schneller verläuft als von Piaget angenommen.

Seine wichtigsten Werke sind (auf Deutsch): *Psychologie der Intelligenz* und *Die Psychologie des Kleinkindes.*

11. Sprachphilosophie, Logik und Mutationen

Die Schweiz darf sich rühmen, insbesondere im Bereich der Sprachphilosophie Philosophen hervorgebracht zu haben, die dieses Gebiet mit grundlegenden Gedanken stark geprägt haben. Das ist zum einen natürlich Ferdinand de Saussure, der vor allem den Strukturalismus des 20. Jahrhunderts prägte. Da ist aber auch der aus Schwyz stammende Anton Marty, der allerdings nur drei Jahre, von 1869 bis 1872 als Professor für Philosophie in der Schweiz wirkte und nach Aufenthalten in Deutschland und der Ukraine schliesslich Professor an der Karl-Ferdinands-Universität Prag wurde und dort blieb. Kafka liess sich in seinem Schreiben von den sprachphilosophischen und psychologischen Gedanken Martys beeinflussen, seine Prüfung in «Deskriptiver und Genetischer Psychologie» bestand er allerdings nicht. Marty war ursprünglich katholischer Priester, liess sich aber dann durch Brentano und wegen des päpstlichen Unfehlbarkeitsdogmas dazu motivieren, von seinem Priesteramt zurückzutreten.

Ebenfalls Priester und auch Mönch war der Logiker Joseph Maria Bocheński. Bis ins 20. Jahrhundert spielten in der Schweiz von Mönchen geleitete Schulen und Universitäten eine entscheidende Rolle in der Philosophie. Die Universität Fribourg entwickelte sich so u. a. durch Arthur Fridolin Utz (1908–2001) zu einem Zentrum der christlichen Gesellschafts- und Soziallehre mit naturrechtlichem Hintergrund. Geprägt wurde sie in ihrem Thomismus vor allem von Gallus M. Manser (1866–1950) mit seinem Hauptwerk *Das Wesen des Thomismus.* Er lehrte dort 43 Jahre.

Der Denker Jean Gebser war als eklektizistischer Denker der Nachkriegszeit zwar vielleicht kein Philosoph im engen Sinn, entwickelte mit seiner auch in Schweizer Schulen gelehrten Theorie jedoch eine neue Version des Fortschrittsgedankens, die letztlich besonders in der Esoterik weltweite Verbreitung fand.

Ferdinand de Saussure (1857–1913)

Der in Genf geborene Ferdinand de Saussure prägte die Indogermanistik, die Semiotik und den Strukturalismus des 20. Jahrhunderts stark. Er studierte in Leipzig und Berlin und war von 1891 bis 1913 Professor für Sprachwissenschaft an der Universität Genf. Die drei Vorlesungen zur Allgemeinen Sprachwissenschaft von 1906 bis 1911 machten ihn berühmt. Das entsprechende Buch erschien erst nach seinem Tod, der *Cours de linguistique générale* (dt.: Grundfragen der allgemeinen Sprachwissenschaft). Das Buch beruht auf Vorlesungsmitschriften von Studenten.

Sprache ist nach de Saussure ein Zeichensystem mit drei Aspekten: Als «langage» bezeichnet er die Sprache als biologisches Vermögen zu sprechen, als «langue» die Einzelsprache und deren System von Regeln, als «parole» den Sprachgebrauch. «Langue» und «parole» bedingen sich wechselseitig. Sprache besitzt Kontinuität, zeigt aber auch andauernde Transformation. Sprache ist also eine beständig werdende Substanz.

Durch diese Unterteilung gelingt es ihm, die Sprache im Sinne von «langue» als relativ unabhängiges System von Strukturen zu fassen und zu untersuchen, ohne den sprachlichen Gesamtzusammenhang auszublenden. Diese Betonung des System-Charakters der Struktur, die unsere Wirklichkeit erst konstituiert, wurde von allen Strukturalisten des 20. Jahrhunderts, so z. B. auch Piaget übernommen. Von ihm angeregt versuchte sich auch Jean Gebser in einer Analyse der Strukturen der historischen Entwicklung des Bewusstseins, die allerdings nur listenwissenschaftliches Niveau erreichte.

Anton Marty (1847–1914)

Der in Schwyz geborene und in Einsiedeln zur Schule gegangene Marty studierte Philosophie und Theologie in Mainz und besuchte Vorlesungen von Franz Brentano in Würzburg. 1869 wurde er Professor an der Kantonsschule Schwyz, 1870 Priester, doch bereits 1873 legte er das Priesteramt nieder, verliess die Schweiz und ging zur Promotion (1875) bei Rudolf Hermann Lotze nach Göttingen. In seiner Promotion setzte er sich kritisch mit den verschiedenen Theorien über den Sprachursprung auseinander. Er wurde als Professor nach Czernowitz berufen, ging aber wenige Jahre später nach Prag, wo er bis zum Lebensende blieb. In seiner 39jährigen Laufbahn als Professor war sein Hauptthema nach aussen hin die Psychologie (er hielt 35 Kollegs über Psychologie ab), doch immer wieder flossen auch hier sprachphilosophische Überlegungen ein, und er hielt auch Veranstaltungen zu Logik, Ethik und Sprachphilosophie ab.

Marty verstand, den Gedanken Brentanos folgend, Sprachphänomene als wesentlich intentional, als «absichtliche Kundgabe», wobei die Absicht darin besteht, ähnliche psychische Phänomene hervorzurufen wie beim Sprecher. Marty war Gegner der kantischen Philosophie und Anhänger Herders. Von Brentano unterschied er sich insofern, als er – anders als dieser – auch die Existenz und Denkbarkeit nicht realer Phänomene anerkannte. Als sein Hauptwerk werden die *Untersuchungen zur Grundlegung der allgemeinen Grammatik und Sprachphilosophie* aus dem Jahr 1908 angesehen. Marty baute in seine Schriften öfters Polemiken ein, die sie insgesamt schwer zu lesen machen und ihren relevanten Gehalt verdecken.

Marty beeinflusste mit seinen Gedanken insbesondere Karl Bühler (1879–1963), der neben de Saussure, Jakobson und Chomsky zu den wichtigsten Sprachphilosophen des 20. Jahrhunderts zählt. Obwohl sie in vielem übereinstimmen, liegt für Marty die Hauptfunktion der Sprache im Erwecken psychischer Phänomene im Anderen, während für Bühler Sprache wesentlich Darstellung ist, objektive Koordination von Sprachmitteln mit Sachen und Sachverhalten.

Jean Gebser (1905–1973)

Gebser war ein in Posen geborener Buchhändler mit grossem Interesse an französischer und spanischer Dichtung, der zunächst in Berlin, dann in Paris und schliesslich in Bern lebte. In der Schweiz gehörte er zur Intellektuellen-Szene um Adolf Portmann, C. G. Jung, Karl Kerényi und Jean Rodolphe von Salis sowie dem Maler Siegward Sprotte. Sein 1947 begonnenes Werk *Ursprung und Gegenwart* lässt sich auch als geistige Bewältigung der Katastrophen und moralischen Erschütterungen bis 1945 sehen. Allerdings tut er dies nicht, indem er die geistigen Entwicklungen, die dorthin führten wie z. B. die Frankfurter Schule kritisch analysiert und positive Ausblicke strikt verweigert, sondern indem er eine kulturwissenschaftliche Bewusstseinsgeschichte des Menschen vorlegt, in der selbst diese Katastrophe nur eine Nebenfolge der Schritte auf dem Weg der Höherentwicklung des Bewusstseins wird. Dieses Werk machte ihn berühmt und auch philosophiegeschichtlich relevant.

Im zweibändigen Werk *Ursprung und Gegenwart* (1949/1953) fasst er die Geschichte des menschlichen Bewusstseins in Entwicklungsstufen: Über Jahrtausende sei es in «Mutationen» übergegangen vom «archaischen» über das «magische» und das «mythische» in das «mentalrationale». Seit Beginn des 20. Jahrhunderts kündige sich als vierte Mutation der Übergang zum «integralen» Bewusstsein an.

Um einen kleinen Überblick zu geben, hier ein Zitat: «Fassen wir jetzt im Querschnitt das zusammen, was wir über jede einzelne Struktur ausgeführt haben, so ergibt sich für jede einzelne der genannten Kategorien folgende Strukturierung, die querschnittmässig gelesen eine sich entfaltende, längsschnittmässig gelesen eine sich ergänzende Strukturierung ist:

Struktur	1. Raum- und Zeitbezogenheit		
	a) Dimensionierung	*b) Perspektivität*	*c) Betontheiten*
Archaisch	nulldimensional	keine	vorräumlich / vorzeithaft
Magisch	eindimensional	vorperspektivisch	raumlos / zeitlos
Mythisch	zweidimensional	unperspektivisch	raumlos / naturzeithaft
Mental	dreidimensional	perspektivisch	raumhaft / abstraktzeithaft
Integral	vierdimensional	aperspektivisch	raumfrei / zeitfrei

> Wir können jetzt übersehen, wie eine jede Bewusstseins-Mutation, durch die sich jeweils eine neue Bewusstseinsstruktur konstituierte, das In-Erscheinung-Treten und Wirksamwerden einer neuen Dimension mit sich brachte.»[17]

Diese sich an Hegels dialektische Entwicklung des Geistes anlehnenden Vorstellungen wurden in der Mitte des letzten Jahrhunderts sehr diskutiert und ernst genommen, mit der 68er-Bewegung traten andere Themen und eine kritischere Haltung in den Vordergrund und Gebser geriet allmählich in Vergessenheit.

Seine Ideen wurden in den 90er Jahren im Rahmen der zu dieser Zeit verbreiteten Esoterik-Welle vom Amerikaner Ken Wilber im Buch *Eros, Kosmos, Logos* (1995) aufgegriffen und in seine Weltdeutung integriert. Ins *New Age* passte der Gedanke Gebsers vom sich stufenweise transformierenden Bewusstsein hervorragend. Es erschien schliesslich wie ausgemacht, dass das hereinbrechende *Wassermann-Zeitalter* der Bewusstseinsstufe des integralen Bewusstseins Gebsers entsprach. Wilber (* 1949) nahm diesen in sein von Neoplatonismus, Mystik, Deutschem Idealismus, Vedanta, Buddhismus, Piaget und eben Gebser inspirierte und erfolgreiche Buch *Eros, Kosmos, Logos* auf und versuchte ebenfalls, die menschliche Bewusstseinsentwicklung zu fassen.

Joseph Maria Bocheński (1902–1995)

Bocheński war ein passionierter und weltweit bekannter Philosoph. Er hiess mit vollem Namen Józef Franciszek Emanuel Lansdorff de Rawicz Bocheński und wurde in Polen geboren, wo er 1927 in den Dominikanerorden eintrat. Zuvor hatte er schon Jura und Ökonomie in Lemberg studiert, anschliessend studierte er Theologie und Philosophie in Rom und habilitierte sich in Philosophie. In den Jahren 1934 bis 1940 war er Professor für Logik am Angelikum in Rom, von 1945 bis 1972 Professor für neuzeitliche Philosophie an der Schweizer Universität Fribourg, in der die Dominikaner seit der Gründung der Universität 1889 bis 1985 die Theologie- und Philosophieprofessuren bestimmten und der Thomismus als philosophisch-theologische Grundlage galt. Er nahm auch mehrere Gastprofessuren v. a. an Universitäten in den USA an. Er war kurzzeitig Rektor der Universität Fribourg. 1957 gründete er das Osteuropainstitut der Universität Fribourg, das sich der wissenschaftlichen Auseinandersetzung mit dem Kommunismus widmete. 1950 bis 1970 war er Rektor der Polenmission in der Schweiz. Er galt als Autorität in der Logik und der Geschichte der sowjetischen Philosophie und war Autor von Büchern zur Philosophie der Gegenwart. Seine Logik erwuchs aus den Überlegungen des neuthomistischen Krakauer Kreises und verband die Syllogistik des Aristoteles mit der modernen formalen Logik.

Bocheński bekannte sich zur analytischen Philosophie und schloss Werturteile aus der Philosophie aus. Er war vom Rationalismus überzeugt, denn die Welt sei kein Chaos, sondern habe eine logische Struktur. Wir erkennen immer mit logischen Mitteln; weil wir jedoch das meiste Wissen nicht durch direkte Erfahrung oder Deduktion, sondern durch Induktion bzw. Reduktion erwerben, ist es fehlbar und nicht sicher. Der Mensch unterscheidet sich nur graduell von den anderen Teilen der Welt, weshalb ein Humanismus, der einen wesentlichen Unterschied zwischen den Menschen und der übrigen Natur annimmt, abzulehnen ist. Bocheński verstand sich als Empirist, der auch eine Erfahrung von Idealem zulässt. Hauptaufgabe des Philosophierens sieht er im Kampf gegen den Aberglauben und in der Verteidigung der Rationalität.

Bocheński war ein unabhängiger Denker und mahnt daher alle:

DENKE UND FÜHLE UNABHÄNGIG VON ANDEREN.
Tatsächlich muss der Mensch, wenn er Herr über sein eigenes Innenleben sein soll, in diesem Innenleben unabhängig sein von anderen.
Dieses Prinzip ist heute eher unpopulär, denn die meisten Menschen bestimmen ihr Leben nicht selbst, sie werden von anderen getrieben, passen ihre Gefühle, Stimmungen und Gedanken an das an, was andere tun und denken. Diese geistige Unfreiheit wird durch die Medien gefördert, die Tag für Tag dafür sorgen, dass jeder weiss, was er denken und fühlen soll.
Mehr noch: weit verbreitete Philosophien des ‹Dialogs› und der ‹Kommunikation› behaupten, der Mensch existiere überhaupt nur im ‹Dialog›, in der ‹Kommunikation› mit anderen, kurzum, er sei in seinem Innenleben vollkommen von anderen abhängig.
[…]
Die Philosophie der Abhängigkeit von anderen, die sich am Dialog, an der Kommunikation, an der Existenz nur mithilfe anderer und durch sie berauscht, ist eine Anschauung von schwächlichen Menschen, die eine geistige Stütze brauchen. Alle grossen Weisen der Vergangenheit sind sich in deren Ablehnung einig. (Joseph Maria Bocheński, Handbuch der Weisheit dieser Welt, München 2016, S. 45 f.; Original: Podręcznik mądrości rego świata, Kraków 1992)

12. Die Schweiz als Wiege des Neoliberalismus und Grab der Frankfurter Schule

Zwei der wichtigsten gesellschaftlichen und politischen Impulsgeber für die zweite Hälfte des 20. Jahrhunderts und darüber hinaus waren in ihrer Ausrichtung sehr unterschiedlicher Natur. Doch beide versuchten, eine Antwort auf die Frage zu geben, wodurch die menschliche Freiheit und Unabhängigkeit am meisten bedroht werde und wie ein moderner Staat, der diese weitestgehend gewährleisten wolle, verfasst sein müsse. Sowohl hinter der Frankfurter Schule als auch hinter der Mont Pèlerin Society steckt trotz des Ersten Weltkriegs, trotz des gesellschaftlich sehr destruktiven Schwarzen Freitags und des nachfolgenden Fiaskos des Faschismus und des Zweiten Weltkriegs der Fortschrittsglaube der Aufklärung, im einen Fall in der Tradition der kantischen Kritik sowie der von Hegel und Marx angestellten Überlegungen, im anderen Fall in liberalistisch, ökonomischer und utilitaristischer Tradition. Dabei ist die Mont Pèlerin Society anders als die Frankfurter Schule kein primär philosophisches Unterfangen, sondern ein ökonomisches Lobby-Netzwerk, dem es auf weltweiten Einfluss auf Politik, Gesellschaft und Wirtschaft ankommt, dennoch ist der Anteil von Philosophen insbesondere in der Anfangsphase beachtenswert gewesen.

Die Mont Pèlerin Society

Ganz beschaulich nach dem Hausberg von Vevey benannte sich die 1947 vom Sozialphilosophen Friedrich August von Hayek gegründete Mont Pèlerin Society. Doch nicht gemeinsames Wandern in der Umgebung war ihr Ziel, sondern die Umgestaltung der Welt nach neoliberalen Ideen. Beim Gründungstreffen waren auch dabei der Schweizer Philosoph und Redaktor Hans Barth, der österreichische Philosoph und Soziologe Michael Polanyi und der Erkenntnistheoretiker und politische Philosoph Karl Popper. Dieser war allerdings gegen die einseitig liberale Gesinnung aller Mitglieder und wollte das Prinzip des freien Marktes nicht zum Götzen erheben: «Es gibt ideologische Anbeter des sogenannten ‹freien Marktes›, dem wir natürlich sehr viel verdanken, die glauben, dass solche Gesetzgebungen, die die Freiheit des freien Marktes beschränken, gefährliche Schritte auf dem Weg in die Knechtschaft sind. Das ist aber wiederum ideologischer Unsinn.»[18] Der Neoliberalismus in seinen Ursprüngen umfasste sehr unterschiedliche liberale Denker und Ökonomen nach dem Zweiten Weltkrieg. Im Lauf der Zeit spaltete er sich in einen deutschen Flügel um den seit 1937 in Genf wohnenden Sozialphilosophen Wilhelm Röpke und den Nationalökonomen Alfred Müller-Armack, der die Soziale Marktwirtschaft mit aktivem Staat, und den amerikanischen Flügel um von Hayek und Milton Friedman, der reine Marktwirtschaft mit passivem Staat forderte. Schliesslich führten die Auseinandersetzungen dazu, dass die Hauptvertreter der Sozialen Marktwirtschaft aus der MPS austraten, so dass die Mont Pèlerin Society sich zunehmend radikalisierte im Sinne der jüngeren Chicagoer Schule um Milton Friedman: «Je weniger Staat, desto besser der Markt.» Der freie Markt wurde also zum Wert an sich, ein regulierender Staat und starker Sozialstaat zum Feind: Privatisierungen, Steuersenkungen und Sozialstaatsabbau waren weltweit die immer wieder praktizierten Methoden.

Die MPS hat also, v. a. zu Beginn, auch einige Philosophen des konservativen Spektrums angezogen. Die philosophische Grundlage des Neoliberalismus ist eine Freiheitsdefinition, die besagt, dass Freiheit bedeutet, keinem Zwang anderer Menschen zu unterliegen, sondern die eigenen Lebenspläne verwirklichen zu können. Zwang steht jedoch nicht für widrige Umstände, sondern nur für die Unterdrückung und den Zwang durch andere Menschen und Institutionen. Diese Definition befreit den radikal liberal Denkenden von jeder sozialen Verantwortung und lässt ihn soziale Gesetzgebungen als Unrecht empfinden. Hinter der MPS steckt bis heute ein hegemoniales Projekt mit sehr vielen Tochterorganisationen, die weltweit den Neoliberalismus als Ideologie diskutieren, empfehlen und durchsetzen. Sie hat auch heute noch ihren Sitz in Genf, ihre Treffen fanden jedoch inzwischen in vielen Ländern statt.

Die Frankfurter Schule und die Schweiz

Die Schweiz hat mit den philosophischen Aktivitäten der Frankfurter Schule kaum zu tun, sie war so etwas wie ein Rückzugsort. Doch einige ihrer prominenten Mitglieder hatten enge Verbindungen zur Schweiz oder starben hier und sind hier begraben.

Ein Vordenker der Frankfurter Schule, nicht selber ihr zugehörend, war *Walter Benjamin*. Er heiratete 1917 Dora Sophie Kellner, mit der er nach Bern zog, um der Einberufung zum Militär zu entgehen; in Bern promovierte er Summa cum laude mit *Der Begriff der Kunstkritik in der deutschen Romantik*. Einige Jahre später zurück in Berlin kaufte er das berühmt gewordene Bild des Berner Künstlers Paul Klee, «Angelus Novus», über das Benjamin in der 9. These von *Über den Begriff der Geschichte* aus dem Jahr 1940 Folgendes schreibt:

> Es gibt ein Bild von Klee, das Angelus Novus heisst. Ein Engel ist darauf dargestellt, der aussieht, als wäre er im Begriff, sich von etwas zu entfernen, worauf er starrt. Seine Augen sind aufgerissen, sein Mund steht offen und seine Flügel sind ausgespannt. Der Engel der Geschichte muss so aussehen. Er hat das Antlitz der Vergangenheit zugewendet. Wo eine Kette von Begebenheiten vor *uns* erscheint, da sieht *er* eine einzige Katastrophe, die unablässig Trümmer auf Trümmer häuft und sie ihm vor die Füsse schleudert. Er möchte wohl verweilen, die Toten wecken und das Zerschlagene zusammenfügen. Aber ein Sturm weht vom Paradiese her, der sich in seinen Flügeln verfangen hat und so stark ist, dass der Engel sie nicht mehr schliessen kann. Dieser Sturm treibt ihn unaufhaltsam in die Zukunft, der er den Rücken kehrt, während der Trümmerhaufen vor ihm zum Himmel wächst. Das, was wir den Fortschritt nennen, ist *dieser* Sturm.

Benjamin nahm sich ebenfalls 1940 auf der Flucht vor den Nazis in Port Bou das Leben. Das deutschsprachige Manuskript gab Benjamin, inzwischen nach Marseille geflohen, an Hannah Arendt weiter. Diese übergab es in New York an das von Frankfurt über Genf dorthin emigrierte Frankfurter Institut für Sozialforschung, die Forschungsinstitution der Frankfurter Schule.

Theodor W. Adorno, die prominenteste Gestalt der Frankfurter Schule, pflegte den Sommerurlaub mit seiner Frau in den Schweizer Bergen zu verbringen, so auch im turbulenten Jahr 1969. Statt wie sonst nach Sils Maria fuhr er diesmal nach Zermatt und von dort – schlecht akklimatisiert – mit der Seilbahn auf fast 3000 m Höhe. Wegen Problemen mit seinen Bergschuhen liess er sich danach nach Visp (660 m Höhe) fahren, wo er Herzbeschwerden bekam, ins Spital gebracht wurde und dort einem Herzinfarkt erlag.

Ein enger Freund von *Max Horkheimer* war *Friedrich Pollock*, der Schatzmeister des Instituts für Sozialforschung. Beide hatten sich bereits 1957 in Montagnola im Tessin in zwei unmittelbar benachbarten Häusern niedergelassen. In einem Schreiben an den Präsidenten der Friedhofskommission der israelitischen Kultusgemeinde Bern hatte Horkheimer den Wunsch geäussert, dort auf dem jüdischen Friedhof neben seiner Frau beigesetzt zu werden, weil sich dort bereits die Gräber seiner im Schweizer Exil verstorbenen Eltern befanden. Drei Jahre vor Horkheimer verstarb Pollock und wurde ebenfalls auf dem jüdischen Friedhof in Bern beigesetzt.

Doch nicht nur diese drei Protagonisten der Frankfurter Schule sind in der Schweiz gestorben, sondern vier, auch der Psychoanalytiker und Philosoph *Erich Fromm* fand hier seine letzte Ruhestätte: In den Jahren 1966, 1977 und 1978 erlitt er einen Herzinfarkt. Nach einem weiteren im Jahr 1980 starb er wenige Tage vor seinem 80. Geburtstag in Muralto neben Locarno und wurde in Bellinzona beigesetzt.

Kurze Zeit, während der Verfolgung durch die Nationalsozialisten, war das Institut für Sozialforschung sogar in der Schweiz niedergelassen, als «Société Internationale de Recherches Sociales» in Genf. Da die Schweizer aber mit Visa für die Wissenschaftler (die auch noch überwiegend Juden waren) geizten, waren diese gezwungen, ins Exil nach New York zu gehen, wo sie von der Columbia University unterstützt wurden. Die Offenheit gegenüber Anarchisten, Revolutionären und anderen kritischen Denkern war 15 Jahre, nachdem Lenin die Schweiz verlassen hatte, verschwunden.

13. Die Existenzphilosophie in der Schweiz – Karl Jaspers und Jeanne Hersch

Basel war auch das Zentrum der Existenzphilosophie, der theologisch orientierten mit Heinrich Barth, der psychologisch und philosophiegeschichtlich orientierten mit Karl Jaspers, der politisch orientierten mit Jeanne Hersch und der öffentlichkeitsorientierten mit Hans Saner. Die Nachkriegszeit war in Europa die grosse Zeit der Existenzphilosophie, natürlich mit Schwerpunkt in Paris, doch auch – ausgehend von Heidegger und Jaspers – in den deutschsprachigen Ländern und schliesslich in vielen Ländern der Welt. Die individuelle Existenz des einzelnen Menschen in Abgrenzung von verallgemeinernden Ansprüchen von Philosophie und Gesellschaft und somit dessen Freiheit stand bei allen Unterschieden der einzelnen Richtungen im Mittelpunkt. Diese wird natürlich schon lange im philosophischen Diskurs reflektiert, doch die Existenzphilosophie strebt danach, den Menschen nicht nur in seiner metaphysischen oder anthropologischen Bedeutung, sondern auch dessen Subjektivität philosophisch ernst zu nehmen. Existenzphilosophie ist also eine Philosophie, der die beständige Klärung und Reflexion des Selbst- und Weltverhältnisses des Einzelnen ein Anliegen ist. Wenn man sich dies klarmacht, wird auch deutlich, wie nah dieses Anliegen den Intentionen der Philosophischen Praxis und mancher Formen der Psychologie und Psychotherapie, aber auch der Seelsorge und der Politik kommen kann.

Karl Jaspers (1883–1969)

Der in Oldenburg geborene Karl Jaspers, der erst Jura und dann Medizin studierte und sich in Heidelberg in Psychiatrie habilitierte und dort schliesslich Professor für Philosophie wurde, war als deutscher Philosoph erschüttert über sein Volk und den Nationalsozialismus. Die Nazis erteilten ihm Lehrverbot, und er wäre beinahe mit seiner jüdischen Frau deportiert worden, wenn nicht die Amerikaner Heidelberg rechtzeitig besetzt hätten. Ab 1945 konnte er wieder lehren. 1948 erreichte ihn der Ruf nach Basel, wo er bis 1969 lebte und lehrte. Er war der Philosoph, der das philosophische Denken in der Schweiz in der zweiten Hälfte des 20. Jahrhunderts am meisten beeinflusste: Öffentlichkeitswirksam war er selbst, waren aber auch seine Schüler Hans Saner und Jeanne Hersch. Theodor W. Adorno unterstellte seinem Sprechen und Denken zwar einen Jargon der Eigentlichkeit, der sich weigere, kritisch über die Negativität der Wirklichkeit Auskunft zu geben, doch Jaspers' Philosophieren war durchaus reflektiert; in seiner *Psychopathologie* stützt er sich auf Diltheys Unterscheidung von Erklären und Verstehen und unterscheidet zusätzlich «statisches Verstehen» (zum Erstellen eines Befundes) vom einfühlend-nachvollziehenden «genetischen Verstehen». Ebenfalls lehnt er die «Hirnmythologie» ab, nach der Geisteskranke Gehirnkranke sind.

Seine Philosophie ist phänomenologisch-lebensphilosophisch-existenzphilosophisch geprägt. Ein in seinem Denken wichtiger Begriff ist der der «Grenzsituationen» (Tod, Leiden, Schuld etc.), in denen das rationale Denken an seine Grenzen stösst und Transzendenz erfahrbar wird.

Wahrscheinlich kann man seine Philosophie erst richtig verstehen, wenn man sich bewusst macht, dass er zeitlebens ein schwerkranker Mensch war, der eigentlich schon früh von den Ärzten aufgegeben worden war. Jeder neue Tag musste also dem Leben abgerungen werden. Die Grenzsituation war in seinem Leben ganz unmetaphysisch Alltag.

Jaspers verband eine lebenslange Freundschaft mit intensivem Briefaustausch mit Hannah Arendt. Er war bis zu dessen Eintritt in die NSDAP auch mit Heidegger befreundet. Zum Abbruch seiner Beziehung zu Heidegger schreibt er ihm:

> Die unendliche Trauer seit 1933 und der gegenwärtige Zustand, in dem meine deutsche Seele nur immer mehr leidet, haben uns nicht verbunden, sondern stillschweigend getrennt. Das Ungeheure, das etwas ganz anderes ist als nur Politik, hat in den langen Jahren meiner Ächtung und Lebensbedrohung kein entsprechendes Wort zwischen uns laut werden lassen. Als Menschen sind wir uns ferngerückt. (Karl Jaspers an Martin Heidegger am 6. Februar 1949, in: Martin Heidegger, Karl Jaspers, Walter Biemel, Hans Saner: Briefwechsel 1920–1963, Frankfurt a. M. 1990, S. 170.)

Jeanne Hersch (1910–2000) – Existenzphilosophie und Menschenrechte

Ein die Philosophie in der Schweiz stark beeinflussendes Zentrum war seit je die Universität Basel. Auch nach dem Zweiten Weltkrieg lehrte hier der einflussreiche Philosoph Karl Jaspers, dessen wichtigste Schülerin die auch international bekannte Jeanne Hersch und dessen wichtigster Schüler der v. a. in der Schweiz bekannte Hans Saner war. Wie auch schon Jaspers, so war auch diesen beiden eine Hinwendung an die Öffentlichkeit in ihrem Philosophieren wichtig.

Herschs Eltern waren polnisch-litauische Immigranten und jüdische Sozialisten. Sie studierte seit 1929 bei Jaspers in Heidelberg, wurde 1931 in der Schweiz eingebürgert (in Genf), schloss dort ihr Staatsexamen ab und studierte anschliessend wieder in Deutschland zunächst bei Jaspers und dann bei Heidegger, bis die Nationalsozialisten die Macht übernahmen. 1936 studierte sie bei Gabriel Marcel in Paris. Dann wurde sie Privatlehrerin der königlichen Familie in Thailand, u. a. unterrichtete sie den späteren König Bhumipol. In den 40ern besuchte sie ein Doktorandenseminar bei Paul Häberlin in Basel. Sie promovierte 1946 in Genf und lehrte anschliessend dort, ab 1962 als Professorin. 1966 bis 1968 war sie Direktorin der Abteilung für Philosophie der UNESCO in Paris. Aus Anlass des 20jährigen Jubiläums der UNO-Menschenrechtsdeklaration publizierte sie 1968 das Werk *Das Recht ein Mensch zu sein*, durch das sie international bekannt wurde.

Alle Philosophen, die sie stärker beeinflussten, gehörten zur Existenzphilosophie, insbesondere Jaspers, dessen Philosophie sie als soziale Alternative zu Sartres Existenzialismus sah. «Ich bin dafür dankbar, dass es bei ihm [Jaspers] nicht nur eine objektive, sachliche, gegenständliche Sicherheit gibt, sondern auch eine existenzielle, die darin beruht, dass der Mensch sich ihr verpflichtet und von ihr verändert und getragen wird. Eigentlich bedeutet es, dass Existenz Klarheit liebt, als Gegenwart des Seins.»[19] In ihrem ersten philosophischen Buch stellte sie die Philosophiegeschichte als eine Reihe relativierter Illusionen bis hin zu Jaspers' Erkenntnis, dass wir nichts wissen können, dar. Dadurch wurde die Freiheit zum Ausgangspunkt ihres Denkens.

Jeanne Hersch war Sozialdemokratin, setzte sich aber häufig auch gegen deren Ziele ein, wenn sie der Überzeugung war, gute Gründe dagegen zu haben. Sie arbeitete als Pädagogin und wurde so im Laufe der Jahre zur kritischen Gegnerin der Reformpädagogik. «Erziehung setzt […] keineswegs irgendeine dogmatische Lehre voraus als einzig möglichen Weg oder irgendein gesellschaftliches Modell als das einzig richtige. Nein, sie soll nur die Chancen der verantwortlichen Freiheit jedes Menschen nach Möglichkeit vergrössern.»[20] Sie setzte sich immer wieder mit klarer Sprache in Vorträgen, Zeitungsartikeln und Büchern für die Freiheit ein.

Jeanne Hersch, die Jüdin, war zehn Jahre heimlich und sechs Jahre offiziell mit dem Altphilologen und SP-Mitglied André Oltramare liiert, dessen Bruder Georges Oltramare allerdings als Genfer Frontistenführer von einer faschistischen Schweiz träumte. Diese Affäre machte ihr in ihrem Hin und Her aber auch klar, wie chaotisch und unzuverlässig die menschliche Seele ist und wie dringend sie der Autorität bzw. der Erziehung bedarf. Sie fasste dies 1974 in ihrer Überzeugung zusammen: «Ob der moderne Philosoph will oder nicht, er steht in dauerndem Kampf um die Freiheit.» Ihr biografischer Hintergrund legt nahe, dass ein Grossteil dessen, was sie als Philosophin sagte, auf der Angst vor dem Verlust der inneren oder äusseren Freiheit beruhte.

Die Vergangenheit ist für Hersch keine unveränderliche, starre Gegebenheit, sondern wird ständig transformiert durch die Sinndeutungen, die wir ihr jeweils geben. Jeanne Hersch war eine kompromisslose Persönlichkeit, die sich stark für ethische und existenzielle Fragen engagierte.

14. Vom Humanismus zur öffentlichkeitszugewandten Philosophie

Karl Jaspers ist auf Schweizer Boden vielleicht so etwas wie der Urvater einer Philosophie gewesen, der es nicht oder nicht nur daran lag, Veröffentlichungen für ein akademisches Publikum herauszubringen, sondern die sich auf unterschiedliche Weise, z. B. durch Vorträge, Bücher, Auftritte in den Medien oder bei öffentlichen Veranstaltungen an Menschen wendet, die zumeist nicht über ein Philosophiestudium verfügten. Diese Einstellung breitete sich insbesondere in der zweiten Hälfte des 20. Jahrhunderts stark aus. Ich sehe daran drei Grundhaltungen beteiligt, zunächst eine humanistische, weiterhin eine aufklärerische und zum Dritten eine demokratische.

Die Universitäten hatten sich in Deutschland während des Dritten Reiches nicht mit besonderem Ruhm bekleckert, sondern waren durch die Nationalsozialisten grösstenteils gleichgeschaltet und jüdische Professoren und Dozenten fast vollständig eliminiert oder ins Exil gedrängt worden. Die Farce einer unabhängigen Forschung und Lehre war somit mit Händen zu greifen gewesen. Eine weitgehende Unabhängigkeit von Forschung und Lehre war aber eng mit dem Grundverständnis der Universitäten seit ihrer Gründung im Mittelalter verbunden gewesen. Ausserdem forderte die produktive Moderne den Wandel des Verständnisses der Universitäten als Bildungsinstitutionen hin zu einem als Ausbildungsinstituten. Die heutige Massenuniversität kann natürlich mit einem humanistischen Bildungsverständnis, das Selbstbildung – und unausgesprochen die intellektuelle und personale Förderung einer geistigen Elite – zum Ziel hat, nicht mehr zusammenstimmen. Doch das Bewusstsein, dass wir uns mit dem Verlust des Humanismus als Leitidee auch abschneiden von den Ursprüngen des abendländischen Selbstverständnisses und deren Grundüberzeugungen, die wir irgendwann nicht mehr verstehen und begründen können, erwachte ebenfalls in dieser Zeit. Gerade in der zweiten Hälfte des 20. Jahrhunderts erschien also eine Hinwendung der Philosophie zur Öffentlichkeit als naheliegend, waren doch viele Fragen und Probleme der Philosophie existenzieller Natur und betrafen somit nicht nur Akademikerinnen und Akademiker, sondern alle.

Wie erwähnt, wandte sich Jaspers immer wieder an die Öffentlichkeit und schrieb leicht verständlich. Auch Jeanne Hersch und v. a. Hans Saner war diese Zugewandtheit an ein breites Publikum wichtig. Aber auch andere Philosophen, wie z. B. Olof Gigon, der als Philologe und Philosoph unzählige Übersetzungen und Kommentare lateinischer und griechischer philosophischer Texte verfasste und so doch vor allem für ein Fachpublikum zu arbeiten schien, wandte sich in mehreren gut verständlichen und Begeisterung weckenden Büchern an die Öffentlichkeit, nicht zuletzt, um die Bedeutsamkeit einer soliden humanistischen Grundbildung auch in heutiger Zeit aufzuzeigen. Auch Emil Angehrn lehrte in Basel und fand, philosophische Fragen entstünden aus existenziellen Erfahrungen. Mit ganz anderem Hintergrund suchte der Professor der Politischen Philosophie in Basel, Arnold Künzli, mit vielen Veröffentlichungen, Interviews, Zeitungsartikeln, in öffentlichen Seminaren und in seiner Zeit vor dem Professorat als Journalist die Öffentlichkeit.

Man kann also diese zweite Hälfte des 20. Jahrhunderts als Zeit des Glaubens an die Öffentlichkeit sehen.

Olof Gigon (1912–1998) – ein Athener aus Basel

Olof Gigon wurde in Basel geboren und verbrachte seine letzten Lebensjahre bis zu seinem Tod in Athen. Damit sind in Grundzügen bereits seine wesentlichen Prägungen bezeichnet: der Humanismus Basler Provenienz und die antike, vor allem griechische Philosophie. Sein Vater war Medizinprofessor, seine Mutter stammte aus Schweden. Nach dem humanistischen Gymnasium studierte er in Basel, dissertierte über Heraklit und habilitierte schliesslich mit einer textkritischen Edition von Theophrasts *Über die Winde*. Bereits mit 27 Jahren wurde er als Professor für klassische Philologie an die Universität Fribourg berufen. 1946 bis 1948 lehrte er an der Universität München und wurde dann an die Universität Bern berufen, wo er bis zu seiner Emeritierung 1982 wirkte. Gigon war immer sowohl Philologe als auch Philosoph und versuchte beide Sichtweisen und Interpretationen eines Textes zu verknüpfen. Öffentlich besonders bekannt wurde er durch zwei Werke, erstens durch *Der Ursprung der griechischen Philosophie*, einer Darstellung des frühgriechischen Denkens von Hesiod bis Parmenides, und zweitens mit *Sokrates. Sein Bild in Dichtung und Geschichte*, in dem er postulierte, dass uns die geschichtliche Person des Sokrates letztlich nicht klar fassbar sei. Der historische Sokrates sei hinter den interessegeleiteten Überlieferungen der Zeitgenossen und Schüler nicht mehr wirklich zu erkennen, so dass seine Geschichte nur noch als Bedeutungsgeschichte geschrieben werden könne. Somit offenbare die Figur des Sokrates mehr über die Sokratiker als über die historische Person des Sokrates. Mit diesem Buch löste er einiges an Kritik aus, stellt doch Sokrates für die abendländische Philosophietradition eine Zentralfigur dar, auf die sich bis heute viele philosophische Richtungen und Philosophinnen und Philosophen positiv beziehen.

Er verfasste viele Einleitungen, Erläuterungen und Übersetzungen antiker philosophischer Texte. Auch Darstellungen für eine breitere Öffentlichkeit wie *Das hellenische Erbe* oder

Die Kultur der Griechen oder *Philosophie und Wissenschaft bei den Griechen* gehören zu seinen Veröffentlichungen.

Arnold Künzli (1919–2008) – ein utopischer Realist

Geboren wurde Künzli in Zürich, seine Kindheit verbrachte er in Zagreb, das Gymnasium besuchte er in Bern. In Zürich studierte er Philosophie, Romanistik und Germanistik. Zehn Jahre war er Auslandskorrespondent der *National-Zeitung* in Rom, London und Bonn. 1964 verfasste er seine Habilitation in der Philosophie der Politik in Basel, wo er von 1972 bis 1984 auch ausserordentlicher Professor der Politischen Philosophie war.

Ein wichtiges Thema von Künzli war Marx - und zwar die Person (*Karl Marx. Eine Psychographie*), ihre Lehre und deren kritische Revision auf dem Hintergrund einer auch durch sie verwandelten Gesellschaft. Marx ist für Künzli eine Mischung von Genie und Neurotiker, ein Prophet mit einem «infantilen» Gefühlsleben und einer «paranoischen Grundstimmung». Er lässt die Frage offen, ob die «gewaltigen» Gedanken Marxens ohne den Motor einer Neurose hätten zutage gebracht werden können, und er erinnert daran, dass auch Marxens Zeitgenosse, der «christliche Revolutionär» Sören Kierkegaard, neurotisch war. Künzli lässt sich zwar der Hegelschen Linken zuordnen, bemühte sich aber immer um Nonkonformismus. Dabei verstand er sich als Radikaldemokrat, dem eine umfassende Überwindung hierarchischer und autoritärer Strukturen ein Anliegen war. Ähnliche Überzeugungen finden sich bei den Anarcho-Syndikalisten, aber auch bei Hannah Arendt und Chantal Mouffe. Neben dieser Orientierung bediente sich Künzli in seinem Denken tiefenpsychologischer Elemente.

Seine erste Veröffentlichung erschien 1948 (*Die Angst als abendländische Krankheit. Dargestellt an Sören Kierkegaard*), seine letzte 2001 (*Menschenmarkt. Die Humangenetik zwischen Utopie, Kommerz und Wissenschaft*).

Künzli engagierte sich bereits in den 70er Jahren ökologisch. Er war mit vielen anderen Intellektuellen befreundet, so Iring Fetscher, Erich Fromm, Hans Saner und Ivan Illich. Künzli übte bissige Kritik an einer Schweiz, die sich im Kalten Krieg gemütlich eingerichtet hatte.

Er veröffentlichte zahlreiche Bücher über philosophische, ideengeschichtliche und politische Fragen. Wenn die Welt in ein «Durcheinandertal» geraten sei, brauche es, so Künzli, «ein demokratisches und humanitäres Ethos, kein Dogma». Die gesellschaftliche Emanzipation sei kein Gnadengeschenk, sondern ein dialogischer Lernprozess.

Emil Angehrn (* 1946)

Der in Luzern geborene Emil Angehrn lehrte Philosophie als Professor in Frankfurt a. M. und in Basel. Er gehörte dem Forschungsrat des Schweizerischen Nationalfonds an und war in Basel auch Dekan der Philosophisch-Historischen Fakultät.

Die beiden Schwerpunkte seiner Reflexion waren die Geschichte bzw. Geschichtsphilosophie und die Hermeneutik bzw. das Verstehen des Sinns. An dessen Anfang stehen existenzielle Fragen, die – geleitet vom Vertrauen auf Erkenntnis – zu einer verstehbaren Ordnung führen. «Philosophie entsteht in Auseinandersetzung mit existenziellen Erfahrungen. Zu einem wesentlichen Teil sind dies Erfahrungen der Verunsicherung und der Angst. Leitbegriffe und Denkmuster der Philosophie lassen sich als Ausdruck des Bemühens lesen, Sicherheit und Halt zu finden.»

Die so errungenen metaphysischen Vorstellungen, so Angehrn in seiner Abschiedsvorlesung an der Universität Basel,[21] seien aber auch «Ausdruck eines Glaubens an die Geordnetheit und Erkennbarkeit der Welt. Gerade der Anfang des Philosophierens steht, wie jedes Anfangen, in einem Spannungsverhältnis zwischen Misstrauen und Vertrauen.»

15. Öffentliches Philosophieren in der Schweiz

Das Verhältnis der Philosophie zur Öffentlichkeit ist – besonders seit sie als akademische Disziplin gilt – kein unkompliziertes.

Die Philosophie nahm ihren Ausgang im antiken Griechenland. Damals stellte sie eine avantgardistische Strömung innerhalb eines nicht mehr ganz stabilen Weltbildes dar. Die damalige Situation von Wohlstand, Instabilität und Verunsicherung lässt sich mit der heutigen vergleichen.

Philosophie bemühte sich einerseits um eine Neuformulierung theoretischer Rahmenkonzepte für gesellschaftliches Zusammenleben. Sie war neben der theoretischen Auseinandersetzung vor allem Schulung im Lebensstil, Einübung in eine gute Lebensführung. Philosophie war Theorie und Praxis des guten Lebens. Philosophiert wurde in mehr oder weniger elitären Zirkeln (Platons *Akademie*, Aristoteles' *Lykeion*, Epikurs *Kepos* und andere). Philosophie als Organisation hatte damals die Gestalt und Funktion einer Art Seelenführung, sie war «geistige Übung», wie Pierre Hadot in seinem grundlegenden Werk *Philosophie als Lebensform* betont.

Seit dem 2. Jahrhundert n.Chr. begann sich diese Aufgabe der Seelenführung und Übung in die neu entstehenden Gemeinschaften des noch jungen Christentums zu verlagern. Die christliche Lehre übernahm mehr und mehr die Rolle der ‹wahren Philosophie›. Sie verstand sich als dem wahren göttlichen Logos verpflichtet. Nach dem Vorbild der antiken Philosophenzirkel waren geistliche Übungen (Exerzitien) zentrales Element im Tagesablauf vieler christlicher Klostergemeinschaften. Philosophie wurde dadurch im christlich-klösterlichen Umfeld zum Inbegriff von Seelsorge. Sie war Lebensschulung und Geistesübung im Sinn von gelebter Weisheit als Religiosität.

Mit der Bildung der ersten Universitäten im Mittelalter konnte die Philosophie sich immer klarer gegen die Anmassung, sie nur als «Magd der Theologie» zu verstehen, durchsetzen. In diesem Prozess wandte sie sich allerdings auch immer mehr von den Belangen der praktischen Lebensführung ab: Philosophie beschränkte sich auf die Erörterung theoretischer Zusammenhänge. Im bisherigen Rahmen galt sie nach und nach bloss noch als Vorbereitung auf das Theologiestudium.

Damit war Philosophie endgültig nicht mehr Lebensform. Philosophie als Universitätsdisziplin war damit zum Insidergespräch, zum elitären Spezialistendiskurs geworden.

Mit der Renaissance, dem Rationalismus und schliesslich der Aufklärung erfolgte zum Teil eine Befreiung aus diesem Korsett. Eine volle Rückgewinnung von Lebensnähe war damit jedoch nicht erreicht.

Der berühmte Appell von Marx, Philosophie habe die Welt bislang nur verschieden interpretiert, es komme aber darauf an, sie zu verändern, wurde und wird zwar von vielen Philosophen als nicht berechtigt empfunden, regte jedoch die Reflexion über das Theorie-Praxis-Verhältnis der Philosophie stark an. Auf verschiedenste Weise wurde nun von manchen philosophischen Richtungen mehr Lebensnähe gesucht, von anderen jedoch gleichzeitig der Abstraktionsprozess verschärft. Doch selbst dort, wo Philosophie den Bezug zum Alltag suchte, war sie in vielen Fällen Reflexion gesellschaftlicher Prozesse. Doch nach und nach liess sich in den demokratischen westlichen Gesellschaften das Individuum und mit ihr die Herausforderungen der persönlichen Lebensgestaltung nicht mehr aus der philosophischen Reflexion heraushalten (hier spielten der Existenzialismus und dann vor allem Foucault eine grosse Rolle).

Dem Aufklärungsimpuls, sich seines eigenen Verstandes zu bedienen, kommt das philosophische, kritische, sachbezogene Nachdenken mit allgemeinen Begriffen zwar entgegen, aber nur dann, wenn diese auch hinreichend allgemeinverständlich sind. Jedenfalls wuchs in der Nachfolge 68er-Bewegung auch der Wunsch vieler Menschen, sich ihres eigenen Verstandes zu bedienen. Ausserdem fand sich gerade in der Schweiz mit Jaspers und seinen Schülern und Schülerinnen auch eine akademische Tradition der Philosophie, für die der Kontakt mit der breiten Öffentlichkeit ein besonderes Anliegen war.

Ein breiteres Bewusstsein für die Philosophie in der Öffentlichkeit erwuchs in der Schweiz bereits in den 70er Jahren, als die Buchreihe *Philosophie aktuell* gegründet wurde, die ansatzweise auch öffentlich relevante Themen aufgriff. In den 90er Jahren und dem beginnenden 21. Jahrhundert kam es zum Höhepunkt eines breiten öffentlichen Interesses an Philosophie, was zur Erstausstrahlung der wöchentlichen Fernsehsendung *Sternstunde Philosophie* 1994 und zur Eröffnung vieler Philosophischer Cafés und Philosophischer Praxen im ganzen Land führte.

Hans Saner (1934–2017)

Saner stammte zwar aus einer Täuferfamilie in Grosshöchstetten, wandte sich aber bereits in jungen Jahren von diesem Milieu ab. Er studierte Romanistik, Germanistik, Psychologie und Philosophie. In seinem vierten Semester wurde er Assistent von Karl Jaspers, zu dessen Mitarbeiter und Vertrauten und schliesslich Herausgeber des Nachlasses. Jaspers hatte ihm seine gesamte Bibliothek (11'000 Bücher) vermacht. Der Nachlass und die Bibliothek befinden sich inzwischen in Jaspers' Geburtsstadt Oldenburg. Saner bemühte sich um eine Professur in Bern, wurde aber von den dortigen konservativen Professoren abgeschmettert. Schliesslich gelang es ihm, Dozent an der Musikakademie Basel zu werden, wo er bis 2008 Kulturphilosophie lehrte.

Vielleicht durch den Misserfolg seiner akademischen Karriere, aber auch durch die Öffentlichkeits-Zugewandtheit von Jaspers' Philosophieren angeregt, wurde Saner zum Haupt-Propagandisten öffentlich praktizierter Philosophie in der Schweiz. Hans Saner war das Paradebeispiel eines Philosophen, der auf unterschiedliche Weise, in Büchern, Philosophischen Cafés, Ferienseminaren, *Diners philosophiques* und mit Vorträgen immer wieder das Philosophieren in der Öffentlichkeit suchte. In der ganzen Schweiz, v. a. aber in Bern, leitete er Philosophische Cafés und Philosophische Diners, er trat immer wieder in den Medien auf und vertrat klare, philosophische und politische Positionen. Seine Bücher wendeten sich mehr an die Öffentlichkeit als an ein akademisches Publikum. Seine Philosophie lehnte sich an die von Jaspers und Arendt an. Auch wenn er nicht an einer Universität lehrte, so hatten seine philosophischen Positionen doch auch dort, insbesondere in Basel, durchaus Einfluss.

Saner wurde nicht durch herausragende Gedanken bekannt, aber sein prononciertes, immer um begriffliche Klarheit bemühtes Denken und seine gut verständliche Sprache machten ihn in der Schweiz zu einem willkommenen und bekannten Intellektuellen und Kommentator, der in manche verworrene öffentliche Diskussion gut begründete Unterscheidungen und Begriffe einfügte und so dabei half, die infrage stehenden Argumente und Positionen zu beurteilen.

Helmut Holzhey (* 1937)

Der in Schlesien geborene Philosophiegeschichtler Holzhey lehrte an der Universität Zürich. Er war geprägt vom Neukantianismus, befasste sich ab den 1980er Jahren intensiv mit Ethik und gründete die Hermann-Cohen-Gesellschaft. Die Werke Hermann Cohens gab er heraus und war von 2000 bis 2018 Gesamtherausgeber der Neubearbeitung des auf Friedrich Ueberweg zurückgehenden *Grundriss der Geschichte der Philosophie*, des umfassendsten philosophiegeschichtlichen Werkes in deutscher Sprache. Weiterhin gründete er die «Schweizer Gesellschaft für die Erforschung des 18. Jahrhunderts», deren Präsident er 1991 bis 1996 war.

Holzhey beschäftigte sich in den 1970er Jahren mit den Aufgaben der Philosophie in der Öffentlichkeit und gründete zusammen mit Hans Saner und Walther Zimmerli die Reihe *Philosophie aktuell.*

Philosophische Praxis und ihre Geschichte in der Schweiz

Philosophische Praxis bedeutet Philosophie in der Öffentlichkeit und für die Öffentlichkeit, das Herausholen der Philosophie aus dem Elfenbeinturm des fachphilosophisch-universitären Diskurses und meint das gemeinsame Philosophieren im Beratungsgespräch, in Philosophischen Gesprächsgruppen, in Bildungsveranstaltungen, in Philosophischen Cafés u. a. Philosophische Praxis hat vielfältige Formen, ist aber als Beratungsgespräch und früher noch in anderen Zusammenhängen als Gruppengespräch entstanden. Philosophische Praxis nimmt also das Philosophieren als Dialog ernst. Unter dem Namen «Philosophische Praxis» hat die Bewegung in Deutschland ihren Anfang gefunden und sich dann weltweit verbreitet, doch es hat zuvor auch in anderen Ländern ähnliche Ideen und Ansätze gegeben, die allerdings nicht so weitwirkende Folgen hatten. Heute ist die Philosophische Praxis weltweit verbreitet.

Da das zentrale philosophische Medium das Gespräch bzw. der Diskurs ist, besteht das Aufgabenfeld der Philosophischen Praxis in der Organisation und Pflege philosophischer Dialoge in vielfältiger Form zur Verständigung, Klärung und Sinnfindung.

Eingeführt hat den Begriff «Philosophische Praxis» Gerd B. Achenbach, motiviert von seiner Beobachtung, dass die universitäre Philosophie ihre Philosopheme nicht am Alltag messe und auch die Psychologie ein Theoriedefizit aufweise. Der ‹Erfinder› dieses Begriffs verstand unter Philosophischer Praxis eine philosophische Lebensberatung; mittlerweile haben sich die Konzepte Philosophischer Praxen ausdifferenziert.

In der Schweiz wurden die ersten Philosophischen Praxen Mitte der 90er Jahre in Zürich gegründet, von Harry Wolf, Willi Fillinger und Eva Schiffer. 1997 eröffnete der Autor seine Praxis im Berner Länggassquartier. Ende der 90er Jahre begann sich von Frankreich herkommend die Idee des Philosophischen Cafés auch in der Schweiz durchzusetzen. Hans Saner, der Apotheker Silvio Ballinari und der damalige Direktor des Campus Muristalden fuhren z. B. nach Paris, sahen sich das Philosophische Café dort im Original an, und gründeten in Bern ein beständiges Philosophisches Café, das bis 2020 an unterschiedlichen Orten, zuletzt über viele Jahre am Campus Muristalden, existierte. Philosophische Cafés wurden an vielen Orten der Schweiz eröffnet und fanden reges Interesse, auch in den Medien. Sogar in einem Bergdorf im Wallis konnte ein Philosoph, der alle drei Monate ein Philosophisches Café durchführte, mit zahlreichen Teilnehmern rechnen. Ende des ersten Jahrzehnts des 21. Jahrhunderts schrumpfte die Zahl der Philosophischen

Cafés wieder, nur einige wenige konnten stabil eine ausreichend hohe Teilnehmerzahl halten.

Im Jahr 2002 wurde in Zürich *philopraxis.ch*, ein Netzwerk von Schweizer Philosophischen Praktikerinnen und Praktikern, gegründet, dem freilich von Beginn an auch süddeutsche und zum Teil auch österreichische Kolleginnen und Kollegen angehörten.

Der Anstoss, Philosophie in die Öffentlichkeit zu bringen, Philosophie also nicht mehr nur als akademische Disziplin zu verstehen, wurde auch von Universitäten aufgenommen. So bot die Universität Luzern einen Nachdiplomstudiengang «Philosophie und Wirtschaft» und die Universität Zürich einen Nachdiplomstudiengang «Ethik» an. Dort läuft an der Volkshochschule auch ein ausgiebiger Philosophie-Lehrgang.

16. Die analytische und wissenschaftstheoretische Philosophie in der Schweiz – Paul Feyerabend, Henri Lauener und Peter Bieri

Zwar wird Feyerabend als wissenschaftstheoretischer Anarchist bezeichnet und ist als solcher beinahe zu einer Art philosophischem Popstar geworden, nach dem sogar ein Asteroid benannt wurde, aber das macht leicht vergessen, dass er zunächst von Philosophen wie Anscombe und Wittgenstein beeinflusst war, «nicht-empirische Überlegungen für entweder Logik oder Unsinn» betrachtete und bei Wittgenstein promovieren wollte (dieser verstarb zuvor). Erst über Zwischenstufen, vor allem Poppers kritischen Rationalismus und ein erneutes Eintauchen in die analytische Philosophie gelangte er zu seiner erkenntniskritischen Haltung und 1970 zu seiner radikalen Methodenkritik, die ihm allerdings viele Angriffe einbrachte. Glücklich wurde er erst wieder in den 80er und 90er Jahren, in denen er in Kassel, Berkeley und an der ETH Zürich, dort von 1980 bis 1990, unterrichtete.

Der wohl wichtigste Beitrag von Schweizer Philosophen zur analytischen Philosophie ist die Gründung und redaktionelle Leitung der Zeitschrift *Dialectica*, die zu einem internationalen und vor allem europäischen Forum derselben wurde. Gegründet wurde sie vom ETH-Philosophen Ferdinand Gonseth (1890–1975) zusammen mit Gaston Bachelard (1884–1962) und Paul Bernays (1888–1977) im Jahre 1947. Aber erst Henri Lauener machte sie zu einer Plattform der analytischen Philosophie von internationalem Rang. Seit 1996 ist sie das Organ der u. a. vom Genfer Philosophieprofessor Kevin Mulligan in der Schweiz gegründeten *European Society for Analytical Philosophy.* Die Schweiz spielte also von Anbeginn keine unbedeutende Rolle in der Entwicklung dieser philosophischen Richtung. Dazu trug – neben anderen – vor allem Henri Lauener bei, der in seinem Leben von der Literatur und Poesie hin zur analytischen Philosophie fand, während der andere weltberühmt gewordene analytische Philosoph aus der Schweiz, Peter Bieri, in seinem Leben von der analytischen Philosophie hin zur Literatur fand und damit bekannt wurde.

Bedeutsam für die Philosophie in der Schweiz im 20. und 21. Jahrhundert sind auch die *Schweizerische Philosophische Gesellschaft* sowie die *Studia philosophica*, die von ihr herausgegebene Fachzeitschrift. Unterstützt werden von ihr auch die Zeitschriften *Dialectica* und *Revue de théologie et de philosophie.*

Paul Feyerabend (1924–1994)

Paul Feyerabend wurde in Wien geboren und diente während der Kriegszeit in der Wehrmacht, wo er es bis zum Leutnant brachte. Auf dem Rückzug vor der russischen Armee wurde er schwer verletzt und hatte lebenslang Schmerzen.

Feyerabends vielfältige Neigungen zeigten sich darin, dass er nach Kriegsende zunächst in Weimar Gesang studierte und in dieser Zeit der Kulturassoziation für eine demokratische Reform Deutschlands beitrat. Er musste auch nach Ausheilung seiner Wunden am Stock gehen und war impotent geworden. Darum studierte er nach seiner Rückkehr Geschichte und Soziologie, die ihn jedoch bald langweilten, so dass er zur Physik wechselte. Durch Victor Kraft kam er in Kontakt mit der akademischen Philosophie, besonders mit Walter Hollitscher, Gertrud Anscombe und Ludwig Wittgenstein. In dieser Zeit vertrat er einen logischen Empirismus und lernte bald darauf Karl Popper kennen. Als er schliesslich versuchte, bei Wittgenstein zu dissertieren, starb dieser vorher und er wählte daher Karl Popper. Er erstellte eine Zusammenfassung von Wittgensteins *Philosophischen Untersuchungen* und übersetzte 1953 in Wien Poppers *Offene Gesellschaft und ihre Feinde.*

Seit 1955 war er an der Universität Bristol als Philosophie-Dozent tätig, wo er auch von den Ideen des Quantenphysikers David Bohm beeinflusst wurde. Dann ging Feyerabend nach Berkeley, das für dreissig Jahre sein Hauptwohnsitz wurde und wo er Poppers falsifikationistische Ansichten vertrat.

Seine Erfahrungen mit der Hippie-, Bürgerrechts- und Free-Speech-Bewegung in den 60er Jahren beeinflussten sein Denken stark. Nach und nach löste er sich von der Popperschen Sicht der Erkenntnisgenerierung und gab auch den Empirismus auf. Schliesslich attackierte er Popper mit dem Essay *Against Method* (Wider den Methodenzwang. Skizze einer anarchistischen Theorie des Wissens), die er 1974 in einem Dialog mit seinem Freund Imre Lakatos zu dem Dialog in Buchform *Für und gegen Methode* erweiterte. Er vertrat darin einen erkenntnistheoretischen Relativismus, eine Position, die seit

Platon von der etablierten Philosophie und Wissenschaft geächtet wird. Dennoch ging nicht vergessen, dass er ein ernstzunehmender Wissenschaftsphilosoph war.

Während der Gastsemester an der Universität Kassel schrieb er *Erkenntnis für freie Menschen*, und seit 1980 lehrte er abwechselnd in Berkeley und an der ETH Zürich. Nach seiner Emeritierung lebte er oberhalb des Genfer Sees in Genolier, wo er 1994 an einem Hirntumor starb.

Nach Feyerabend lässt sich aus der Wissenschaftsgeschichte der Schluss ziehen, dass Erkenntnisgewinn und -veränderung in oft irrationaler und anarchischer Weise bestehende wissenschaftstheoretische Grundsätze verletzten und daher erfolgreich waren. Feyerabend betont die Bedeutung von Intuition und Kreativität als Voraussetzung des Erkenntnisgewinns und -fortschritts, beide dürften nicht durch dogmatische Rationalität und wissenschaftstheoretisch-methodologische Regeln und Zwänge, die ihrerseits nicht sakrosankt seien, sondern auch einem Wandel unterliegen, in nutzloser und irreführender Weise eingeschränkt werden.

Henri Lauener (1933–2002)

Vor allem dank Henri Lauener ist die analytische Philosophie auch in der Schweiz heimisch geworden, nicht nur, aber besonders an der Universität Bern.

Lauener wurde in Bern geboren, wuchs am Thunersee in Krattigen auf und studierte an der Universität Bern und an der Sorbonne. Er war Redaktor des *Berner Student* und gab drei Gedichtbände mit surrealistischen Gedichten heraus, die er später aber wieder aus dem Verkehr zu ziehen versuchte. Den angekündigten Roman *Die Neureichen* hat er nicht geschrieben, «weil man von der Schriftstellerei nicht leben kann». Er arbeitete zunächst als Philosophielehrer am Berner Neufeldgymnasium, lernte dort seine künftige Frau, eine Schülerin, kennen und heiratete sie 1985 während der Schwangerschaft. 1987 fiel die gemeinsame Tochter Anna Livia in Montélimar (F) durch das Fenster des Hotelzimmers aus dem zweiten Stock und starb im Spital. Laueners Frau konnte diesen Verlust nicht verkraften und beging sieben Wochen später am Grab der Tochter Selbstmord.

Lauener promovierte über Hegel und habilitierte über Hume und Kant. Von 1973 bis 1998 war er Philosophie-Professor an der Universität Bern und war an mehreren Universitäten Gastprofessor. Er war einer der grossen Förderer der analytischen Philosophie. Er führte die Zeitschrift *Dialectica* weiter und machte sie zu einer Plattform der analytischen Philosophie. In Biel organisierte er von 1973 bis 1988 internationale Kolloquien zur analytischen Philosophie. Die von ihm gegründete Lauener Stiftung fördert diese philosophische Richtung noch heute.

Lauener liebte auch das Boxen und den Jazz. Die hohen formallogischen Präzisionsstandards, die Lauener an sich und andere anlegte, machten den «sturdy [unbeugsamen] champion» (Donald Davidson) der analytischen Philosophie zu einer singulären und respektierten Figur in der Schweizer Philosophieszene und darüber hinaus.

Er entwickelte in Auseinandersetzung mit der Philosophie von William Ormand Quine die offene Transzendentalphilosophie. Diese ist pragmatisch orientiert, d. h. Laueners Ansicht nach fällt der Philosophie die Aufgabe zu, «die Kriterien zu untersuchen, auf die es bei der Beurteilung unserer Ziele und der für ihre Verwirklichung eingesetzten Mittel ankommt». Diese Position ist z. B. der von Aristoteles entgegengesetzt, nach der das Philosophieren das Ziel in sich selbst trägt und nicht durch ausserhalb ihrer selbst zu findende Ziele gerechtfertigt werden muss. Lauener verstand Wahrheit und Ontologie als kontextrelativ. Aus dieser Haltung findet sich in seiner Todesanzeige der Satz Ciceros: «Das, was wahr zu sein scheint, ist die Grenze, wo die Tragweite meines Geistes endet. Was die Gewissheit betrifft, so überlasse ich sie denen, die glauben, man könne sie erreichen, und sich für weise ausgeben.» Die Kontextrelativität begründete er mit folgenden Ausführungen:

> Aus nichts folgt nichts. Diese triviale Feststellung legt nahe, dass es vergeblich ist, nach einem absoluten Ausgangspunkt der Erkenntnis zu suchen. Die Einsicht in die Relativität unseres Wissens – insbesondere seine Abhängigkeit von sprachlichen Darstellungssystemen – bedeutet jedoch nicht, dass wir bei der Wahl von Anfangsgründen der Willkür ausgesetzt sind. [...] Sachfragen wie etwa diejenige nach der Wahrheit von Sätzen lassen sich als interne nur innerhalb eines gegebenen Rahmenwerkes beantworten, während die externe Frage nach der Adäquatheit des Rahmenwerkes selbst aufgrund von pragmatischen Erwägungen entschieden wird. (Zitate aus: Offene Transzendentalphilosophie)

Peter Bieri (* 1944)

Peter Bieri wurde in Bern geboren und wuchs in Muri bei Bern auf. Er erhielt am Kirchenfeld-Gymnasium in Bern eine tiefgreifende humanistische Bildung, die ihn später auch zu einem altphilologischen Studium bewog. Aus Liebesgründen ging er jedoch zunächst nach London, wo er Anglistik und Indologie studierte. Durch die Indologie inspiriert studierte er später in Heidelberg Philosophie und Klassische Philologie u. a. bei Ernst Tugendhat. In Heidelberg promovierte er auch und habilitierte sich. Zunächst lehrte er in Bielefeld, dann in Heidelberg, dann in Marburg, und von 1993 bis 2007 hatte er eine Professur in

Philosophie an der FU Berlin. Forschungsaufenthalte führten ihn auch nach Harvard und Berkeley; die Berliner Professur verliess er vorzeitig, verärgert über den universitären, von Drittmitteleinwerbung dominierten Betrieb mit seiner «Diktatur der Geschäftigkeit».[22]

Zu dieser Zeit war er bereits seit 12 Jahren, seit 1995 (*Perlmanns Schweigen*) als Romancier tätig. Parallel zu seiner akademischen Tätigkeit hatte er unter dem Pseudonym Pascal Mercier begonnen, Romane zu verfassen. Bieri selbst gab an, das Pseudonym sei ein eleganter Name aus dem Berner Telefonbuch und habe keinen philosophischen Bezug. Sein dritter Roman *Nachtzug nach Lissabon* wurde zu einem verfilmten Bestseller. In seinen Romanen schimmert immer der analytische Philosoph Bieri als Autor durch, so im ersten Roman, in dem der Linguist Perlmann glaubt, nichts mehr zu sagen zu haben, oder im Roman Das *Gewicht der Worte*, dessen Hauptfigur Übersetzer und Verlagsinhaber ist und plötzlich erfährt, dass er nur noch wenige Wochen zu leben hat.

Bieri war ein wichtiger Vermittler zwischen der angelsächsischen sprachanalytischen Philosophie und der kontinentalen Tradition der Bewusstseinsphilosophie. Anders jedoch als der Berner Lauener, der als Vermächtnis noch eine Stiftung zur weiteren Förderung der analytischen Philosophie einrichtete, fragte der Berner Bieri 2007: «Was bleibt von der analytischen Philosophie?»[23] Seine verbreitetsten philosophischen Werke waren *Das Handwerk der Freiheit* (2001) und *Wie wollen wir leben?* (2011). Gerade in diesem kurzen Werk obsiegt nicht die in manchen seiner Bücher zu findende langfädige Ausgiebigkeit, sondern er fasst sein Thema prägnant und überzeugend.

Bieri argumentierte gegen die neurobiologische Gleichsetzung von Personen und Gehirnen und setzte sich mit der Frage der menschlichen Würde auseinander.

17. Ethik in der Schweiz: Annemarie Pieper, Jean-Claude Wolf und Jean Ziegler

In der zweiten Hälfte des 20. Jahrhunderts und im neuen Jahrtausend hat sich ein Teilgebiet der Philosophie ganz besonders entwickelt, nämlich die Ethik. Das Bedürfnis, sich darüber klarzuwerden, durch welche Prinzipien menschliches Handeln – gerade auch im institutionellen Rahmen – geleitet werden sollte, wuchs mit der Komplexität der modernen Gesellschaft. Es wurde auch zunehmend klarer, dass moralische Handlungsimperative allein nicht reichten, dass eine religiös oder wie auch immer fundierte Moral nicht ausreichte. Auch verschwand das verantwortliche Handeln des Einzelnen nicht im Funktionieren von Systemen. Es wurde jedoch klar, dass es einen Bezug gab zwischen der Eigenart der ethischen Fragestellungen und der Eigenart der jeweiligen gesellschaftlichen Subsysteme. So entstanden schliesslich in der Ethik sogenannte Bereichsethiken – Politische Ethik, Medizinethik, Sozialethik, Ökologische Ethik, Wirtschaftsethik, Tierethik etc. – die sich mit einem Teilbereich der Gesellschaft und des menschlichen Handelns und den dafür spezifischen Herausforderungen befassten. Wie immer, wenn man nur einen Teilbereich in den Fokus nimmt, besteht natürlich die Gefahr, das Ganze aus den Augen zu verlieren. Umgekehrt ergab sich daraus eine Würdigung bestimmter Problematiken und es folgten auch neue Regelungen, Gesetze und Ausbildungen.

Die hier aufgeführten Personen haben durch ihr Engagement sowie ihre Veröffentlichungen die ethische Reflexion nicht nur in der Schweiz vorangebracht.

Annemarie Pieper (* 1941)

Annemarie Pieper wurde 1941 in Düsseldorf geboren. Sie studierte Philosophie, Anglistik und Germanistik in Saarbrücken und habilitierte sich mit einer Arbeit über Ethik an der Universität München. Dort wirkte sie anschliessend neun Jahre als Professorin. 1981 bis 2001 war sie Philosophie-Professorin an der Universität Basel auf dem Jaspers-Lehrstuhl. Auch sie war eine Philosophin, die stark in der Öffentlichkeit wirkte, durch viele ihrer Bücher, durch Artikel in der Presse, v. a. aber durch ihre Moderation der Fernsehsendung *Sternstunde Philosophie* im Schweizer Fernsehen.

Wie Jaspers fühlte sie sich der Existenzphilosophie verpflichtet. Ihr Schwerpunkt lag aber zeitlebens im Bereich der Ethik. Ihre *Einführung in die Ethik* (1991) hatte lange den Rang eines Standardwerks in dem Bereich. Ausserdem war ihr die feministische Philosophie wichtig. Darüber hinaus engagierte sie sich in der Nietzsche-Forschung.

Nach ihrer Emeritierung begann sie, mit mässigem Erfolg, Romane zu schreiben; der erste, *Die Klugscheisser GmbH*, war eine Persiflage der Philosophischen Praxis. Sie insinuiert darin, Philosophische Praktiker seien Menschen, die anderen Ratschläge für ein gutes, sinnvolles Leben gäben, ohne ihr eigenes auf die Reihe zu bringen und über das, worüber sie reden, Bescheid zu wissen. Dabei hat Pieper in ihren nicht-wissenschaftlichen Veröffentlichungen (Bücher, Artikel, Interviews etc.) sicher mehr Ratschläge für ein gutes, sinnvolles Leben gegeben als die durchschnittliche Philosophische Praktikerin bzw. der durchschnittliche Philosophische Praktiker, der sich mit solchen Ratschlägen in der Regel sehr zurückhält und eher das eigenständige Denken seines Klienten anregt.

Jean Ziegler (* 1934)

Viele Philosophinnen und Philosophen führen ein vor dem alltäglichen Publikum eher verborgenes Dasein und sind vor allem in Fachkreisen bekannt, doch kaum darüber hinaus. Doch manche Intellektuelle sind im entsprechenden Land und weit darüber hinaus so bekannt, dass man sie mit den weltbekannten Philosophen vergleichen kann. Im Fall von Jean Ziegler ist das so; doch es ist weniger seine philosophische oder soziologische Lehre, die ihn so berühmt-berüchtigt hat werden lassen, als sein entschiedenes, provokantes Engagement.

Ziegler wurde in Thun geboren und studierte zuerst Jura in Bern und Genf, dann zusätzlich Soziologie in Paris und New York. Er doktorierte in Rechtswissenschaften und arbeitete seit 1967 als Privatdozent für Soziologie in Bern. Ziegler war mit Sartre und de Beauvoir befreundet, die ihn überredeten, seinen Vornamen von «Hans» in «Jean» zu ändern. Er war der Chauffeur Che Guevaras bei der ersten Weltzuckerkonferenz der UNO in Genf. Als er anschliessend den Wunsch äusserte, mit nach Kuba zu kommen, antwortete Che ihm: «Dein Platz ist hier. Hier ist das Gehirn des Monsters, hier musst du kämpfen.» Diese Anekdote blieb in der Tat lebensbestimmend für Ziegler: Er blieb in Genf und verwendete künftig auch in seinen Schriften die französische Sprache.

Bis zu seiner Emeritierung 2002 war Ziegler Professor für Soziologie in Genf und ständiger Gastprofessor an der Sorbonne. Er kritisierte häufig die Rolle der Schweiz im Zweiten Weltkrieg. Aus diesem Grund, aber auch wegen der Kritik an Personen und Unternehmen wurde er häufig rechtlich wegen Rufschädigung u. ä. verfolgt, wodurch sein Schuldenstand sich 2011 auf ca. 6 Mio. CHF belief, was ihn in die Insolvenz führte. Ziegler ist bekannt für seine provokanten Zuspitzungen wie z. B. «Der deutsche Faschismus brauchte sechs Jahre, um

56 Millionen Menschen umzubringen. Der Neoliberalismus schafft das locker in gut einem Jahr.»[24] Neben den erwähnten negativen Konsequenzen auf seine Finanzen hatten diese aber meist auch die Folge, dass er selbst und die von ihm gegeisselten Missstände und Personen bekannter wurden.

Dazu trug auch sein Engagement im Rahmen der UN bei. Von 2000 bis 2008 war er UN-Sonderberichterstatter für das Recht auf Nahrung; 2008 und 2013 wurde er in den Beratenden Ausschuss des Menschenrechtsrats gewählt. Daraus hervor ging sein anklagendes und analytisch scharfes Buch *Wir lassen sie verhungern.* In seinem neuesten Buch *Die Schande Europas* wendet er sich gegen die EU-Flüchtlingspolitik und das ehemalige Lager Moria auf Lesbos, das inzwischen bekanntlich ein Raub der Flammen wurde: «All das, was ich als Sonderberichterstatter in Slums auf der ganzen Welt gesehen habe, ist nichts gegen das, was ich auf Moria erlebt habe.» Er bezeichnet die Zustände dort als «Verbrechen gegen die Menschlichkeit».

Jean-Claude Wolf (* 1953)

Während Jean Ziegler vor allem in Bezug auf sein entschiedenes Engagement für die Menschenrechte ein Ethiker genannt werden kann, ist Jean-Claude Wolf nicht nur fachphilosophisch ein überzeugender Ethiker, sondern er verficht seine Positionen in diesem Rahmen auch sehr engagiert.

Wolf wurde 1953 geboren, legte die Reifeprüfung in Winterthur ab, studierte Philosophie, Germanistik und Literaturkritik an der Universität Zürich und schloss mit dem Lizentiat ab. Er doktorierte 1983 in Bern und habilitierte sich dort 1990. Anschliessend arbeitete er zwei Jahre als Lehrer und als Privatdozent an der Universität Bern. 1992 bis 1995 erhielt er ein Forschungsstipendium des Schweizerischen Nationalfonds und

1993 wurde er Ordinarius für Ethik und politische Philosophie an der Universität Fribourg. Hier arbeitete er im Bereich der analytischen und angewandten Ethik sowie der Tierrechtsethik. Er beschäftigte sich mit dem Liberalismus und dem Pragmatismus und der Philosophie der Neuzeit (Fénelon, Schopenhauer, Stirner, Kierkegaard, Mill, Nietzsche und Eduard von Hartmann).

Besonders bekannt wurde er durch seine Untersuchungen zu den unterschiedlichen Ansätzen der Tierrechtsethik. Weitere wichtige Themen seiner Werke sind der Egoismus und das Böse, John Stuart Mill und der Utilitarismus sowie Nietzsches Sicht der Ethik. Seine Analysen und Überlegungen führen häufig zu ungewohnten und neuen Perspektiven.

18. Das Entdecken der Vielfalt – Iso Kern, Elmar Holenstein, Karen Gloy und Ruedi Imbach

Haben Karen Gloy und Ruedi Imbach etwas miteinander zu tun, das es rechtfertigt, sie hier in einem Kapitel aufzuführen? – Sie ist in vielerlei Hinsicht das gewesen, als was ihre Luzerner Professur sie auch betitelt hat, eine Geistesgeschichtlerin, und Imbach Philosophiegeschichtler. Beiden ist es ein Anliegen gewesen, das jeweilige Feld um einige ungewohnte Facetten zu vertiefen und so aus der Distanz auch einen erhellenden Blick auf das moderne Selbstbewusstsein zu werfen. Durch diese Vertiefung wächst die Vielfalt dessen, was wir uns begründet vorstellen und über menschliche Kultur wissen können. Beiden ist die Kunst ein Anliegen – und beide sind natürlich vollkommen verschieden.

Ebenfalls zur Vielfalt dessen, was wir philosophisch im Blick haben, beigetragen hat der Phänomenologe und Professor für Chinesische Philosophie Iso Kern, der in beiden Kulturkreisen als renommierter Experte auf diesem Gebiet anerkannt ist.

Ganz entschieden die vielfältigen Wege des Denkens in der gesamten Welt aufgezeigt hat der Phänomenologe, Sprach- und Kulturphilosoph Elmar Holenstein, der einer breiteren Öffentlichkeit durch seinen *Philosophie-Atlas* bekannt wurde. Sein Anliegen mit diesem Werk wurde – vielleicht auch durch die Namensähnlichkeit mit dem *dtv-Atlas zur Philosophie* – gelegentlich missverstanden. Es zeigt nicht einfach philosophiegeschichtlich relevante Stationen und Entwicklungen, sondern immer gleich kulturgeschichtliche und geistesgeschichtliche Zusammenhänge weltweit. Dabei sind seine Darstellungen hochgelehrt und komplex. Da das Werk bewusst die traditionellen philosophiegeschichtlichen Erzählungen aufzulösen und auch neue Verbindungen zu zeigen und darzustellen versucht, ist es im besten Sinn postmodern.

Iso Kern (* 1937)

Der in Krattigen am Thunersee geborene Kern studierte Philosophie in Louvain/Leuven und in Freiburg i. Br. Er promovierte in Louvain/Leuven über Husserl und arbeitete dort am Husserl-Archiv, wo er dessen Texte zur Intersubjektivität aus dem Nachlass veröffentlichte. An der Universität Leuven lernte er während dieser Zeit die chinesische Umgangssprache. Er habilitierte sich in Heidelberg und widmete sich anschliessend der chinesischen Philosophie, auch in Taiwan, New York, Nanjing und Peking. Nach seiner Rückkehr lehrte er in der Schweiz in Zürich, Fribourg und an der Universität Bern Chinesische Philosophie. Er war aber auch an anderen Themen interessiert, so der westlichen Philosophiegeschichte, der Ethik und der Entwicklungspsychologie.

Sein Hauptwerk im Bereich der Chinesischen Philosophie ist die 800seitige Studie *Das Wichtigste im Leben. Wang Yangming (1472–1529) und seine Nachfolger über die «Verwirklichung des ursprünglichen Wissens»*.

Elmar Holenstein (* 1937)

Der in St. Gallen geborene Holenstein studierte Philosophie, Psychologie und Sprachwissenschaft in Louvain/Leuven, Heidelberg und Zürich. Dabei widmete er sich wie Kern in der Philosophie Husserl und promovierte über Husserls Phänomenologie der vor- und nichtbegrifflichen Erfahrung. In der Sprachwissenschaft faszinierte ihn der phänomenologische Strukturalismus Roman Ossipowitsch Jakobsons, in denen dieser sich Ansichten Husserls annähert. Auch Jakobson seinerseits hat sich in diesem Zusammenhang oft auf Holenstein bezogen. Weiterhin war Holenstein durch die Gestaltpsychologie beeinflusst.

In der Kulturphilosophie kritisiert er die romantische Konzeption von Kulturen als homogene, in sich zentrierte und geschlossene Ganzheiten. Das Herausstellen der uralten Geschichte des interkulturellen Austauschs trotz der damit auch verbundenen Missverständnisse ist ihm ein Anliegen.

Dieses Anliegen greift er dann in einer experimentellen Kulturgeografie auf, mit der er zeigen möchte, dass die europäische Philosophie ohne ihren aussereuropäischen Kontext nicht verständlich ist. Dieses Projekt mündete im 2004 veröffentlichten *Philosophie-Atlas*.

Holenstein war Professor für Philosophie in Bochum und bis 2002 an der ETH Zürich. 2004 war er Visiting Professor an der Chinese University of Hong Kong. Er lebt in Yokohama.

Karen Gloy (* 1941)

Der erste Satz in Wikipedia über Karen Gloy ist: «Karen Gloy ist eine deutsche Philosophin», was natürlich stimmt, denn sie wurde in Itzehoe geboren und hat in Heidelberg und Hamburg Philosophie, Germanistik, Physik, Kunstgeschichte und Psychologie studiert. Allerdings war sie 22 Jahre Professorin für Philosophie und Geistesgeschichte an der Universität Luzern, bis zu ihrer Emeritierung. Zurzeit lehrt sie an der Ludwigs-Maximilian-Universität München. Ausserdem hat sie weltweit Gastprofessuren innegehabt. Ihre Beschäftigung mit dem Deutschen Idealismus und der Naturphilosophie führte sie zu bewusstseinstheoretischen Fragestellungen. Von dort ausgehend brachten sie u. a. die Erfahrungen ihrer weltweiten Gastprofessuren in Kontakt mit heterogenen Denkweisen, Mentalitäten und Kulturen. Dies führte sie zu der Frage, welche unterschiedlichen Rationalitätstypen sich unterscheiden lassen, eine Fragestellung, die sie nicht nur theoretisch, sondern auch durch Expeditionen z. B. nach Papua-Neuguinea zu beantworten suchte. Weitere Fragestellungen waren die nach der Grundstruktur des modernen Selbstbewusstseins, die Frage der Einheit, der Zeit, der Demokratie u. v. a. Sie wandte sich ebenfalls der Geschichte des naturwissenschaftlichen Denkens zu, das heute unser Weltbild bestimmt.

Gloys Denken zeichnet sich durch eine klare Gedankenführung aus, die einen zu neuen Einsichten und Perspektiven auf die infragestehende Problematik führt und gut begründete Begriffe an die Hand gibt. In ihrem Denken verweist sie immer wieder auf die sich von Kultur zu Kultur, aber auch gruppen- und schichtenspezifisch unterscheidenden Wahrnehmungs- und Denkweisen. So leben wir, je nachdem, ob es uns gelingt, Missverständnisse zu klären und das Gemeinsame zu erkennen und zu betonen, in völlig unterschiedlich erscheinenden Welten, deuten dementsprechend das Handeln der anderen nach unseren Sichtweisen und unterstellen so leicht falsche Intentionen.

Ruedi Imbach (* 1946)

Imbach gehört heute zu den führenden mediävistischen Philosophiehistorikern und unterrichtete bis 2013 an der Sorbonne. Er ist u. a. Mitglied der Meister-Eckhart-Gesellschaft und Mitglied der Akademie der Wissenschaften Göttingen, hat ein *Handbuch zur Philosophie des lateinischen Mittelalters* herausgegeben, sich intensiv mit Dante auseinandergesetzt und ist einer der präzisesten und detailreichsten Kenner mittelalterlicher Philosophie, gerade auch etlicher eher unbekannter Autoren. Er schafft es wie kaum ein anderer, die Argumente und Überlegungen eines Textes in den damaligen Diskursen zu verorten und so die jeweilige intellektuelle Landschaft erkennbar zu machen.

Geboren wurde Imbach in Sursee, er studierte Philosophie und Geschichte in Fribourg, wo er auch promovierte und habilitierte. Von 1976 bis 1981 lehrte er dort, anschliessend war er von 1983 bis 1985 Gastprofessor in Genf. Von 1985 bis 2000 war er ordentlicher Professor an der Universität Fribourg. Vom Jahr 2000 bis zu seiner Emeritierung lehrte er an der Sorbonne.

Imbach beschäftigt sich besonders mit der Philosophie des 13. und 14. Jahrhunderts, mit dem Thomismus, der Metaphysik und der politischen Theorie. Nach Imbachs Verständnis stehen Thomas von Aquin, Meister Eckhart und andere mittelalterliche Denker «in jener grossen Tradition der Geistmetaphysik, welche von Parmenides bis zum deutschen Idealismus reicht». Auch bei Dietrich von Freiberg sieht er ein bis in die heutige Philosophie relevantes Thema, die autonome Subjektivität. Da viele mittelalterliche philosophische Texte unbekannterer Autoren noch gar nicht ediert sind, hat er begonnen, einige davon zu übersetzen und herauszugeben. Besonders interessiert ist Imbach an der Rolle der Laien in der mittelalterlichen Philosophie, denn eine bedeutende Zahl an philosophischen Texten seien für Laien geschrieben worden. Durch diesen Dialog sei die Philosophie «schöpferisch erneuert und verändert worden».

Inzwischen lebt Imbach in Vevey und frönt dort u. a. der Musse des Malens.

Anmerkungen

1 Paracelsus, Opus Paramirum, S. 45.

2 Paracelsus, Sieben Defensiones und Labyrinthus medicorum errantium, hrsg. Sudhoff, K., Leipzig 1915; S. 60.

3 Paracelsus, Opus Paramirum, S. 62 f.

4 Lambert, Neues Organon, Bd. 1, I, § 1.

5 2 Teile, 1771/74, Nachdruck 1993.

6 Schiller schrieb darüber: «Neben den Nachrichten um Herders Tod am 18. Dezember 1803 wurde Weimar vom Besuch der berühmten Anne Louise Germaine Baronne de Staël-Holstein überrascht, die mit ihrem Lebensgefährten Benjamin Constant und ihren beiden Kindern die Stadt besuchte. Madame de Staël, deren kritische Passion in Literatur und Kultur über Frankreichs Grenzen hinaus bekannt war, eilte der Ruf einer ‹Weltfrau› voraus, auch weil sie aufgrund ihrer zahlreichen Liebhaber, darunter auch Napoleons Aussenminister Talleyrand und der Kriegsminister der Revolution Narbonne, für die Kleinstadt Weimar eine Attraktion darstellte. Weil Napoleon ihren literarischen Einfluss als gefährlich empfand, war sie bereits im Jahre 1802 von ihm aus dem Lande vertrieben worden. […] Um Goethe zu vertreten hatte ich mich von meiner Arbeit [am *Wilhelm Tell*] losreissen müssen und war von dem Wechsel zwischen produktiver Zurückgezogenheit und Gesellschaftstrubel derart ermüdet, dass ich gar nicht mehr zum Schreiben kam. Madame de Staël wirkte aufgrund ihrer besonderen Fertigkeit der Zunge besonders anstrengend auf mich, denn man musste sich schon in ein Ohr verwandeln, um ihr folgen zu können. Meinem Ideal weiblicher Zurückhaltung entsprach Madame de

Staël jedenfalls nicht.» http://www.schiller-biografie.de: Arbeit am Wilhelm Tell.

7 Benjamin Constant: De la liberté des Anciens comparée à celle des Modernes (1819), Paris 2014, S. 383.

8 Hegel, Vorrede der Rechtsphilosophie.

9 Habermas, Der philosophische Diskurs, S. 57.

10 Aus den letzten Seiten von «Gott und der Staat», zitiert nach Michail Bakunin: Philosophie der Tat.

11 Ebd.

12 Adolf Portmann: «Die biologische Bedeutung des 1. Lebensjahres beim Menschen», in: Schweizer Medizinische Wochenschrift 71 (1941), 921–1001.

13 Adolf Portmann: «Selbstdarstellung als Motiv der lebendigen Formbildung», in: Geist und Werk. Aus der Werkstatt unserer Autoren. Zum 75. Geburtstag von Dr. Daniel Brody, Zürich 1958., S. 166.

14 Helmuth Plessner: Lachen und Weinen: eine Untersuchung nach den Grenzen menschlichen Verhaltens, Arnheim 1941.

15 Martin Heidegger: «Der Ursprung des Kunstwerks», in: ders.: Holzwege, Frankfurt a. M. 1994, S. 9 f.

16 C. G. Jung: Briefe, hg. von Aniela Jaffé/Gerhard Adler, Bd. 1, Olten 1972–73, S. 41.

17 Jean Gebser: Ursprung und Gegenwart, Bd. 1, Kap. 4: Die Mutationen als ganzheitliches Phänomen, 1. Querschnitte durch die Strukturen.

18 Karl R. Popper: Alles Leben ist Problemlösen. Über Erkenntnis, Geschichte und Politik, München/Zürich 1996, S. 259.

19 Sic et non, 1996, Dialog mit Jeanne Hersch; online: https://web.archive.org/web/20180108120514/http://archiv.sicetnon.org/artikel/dialog/interv.htm.

20 Jeanne Hersch: Erlebte Zeit. Menschsein im Hier und Jetzt, Zürich 2010.

21 Angehrn: Der Weg ins Offene.

22 Manfred Papst: «Peter Bieri alias Pascal Mercier hat genug von der Universität», NZZ am Sonntag, 27. Mai 2007.

23 Peter Bieri: «Was bleibt von der Analytischen Philosophie?», in: Deutsche Zeitschrift für Philosophie 55/3, 2007, S. 333–344.

24 Jean Ziegler im «junge Welt»-Gespräch, 16.11.2012: «Für die Völker des Südens hat der dritte Weltkrieg längst begonnen.» Online: https://www.jungewelt.de/loginFailed.php?ref=/artikel/192298.f%C3%BCr-die-v%C3%B6lker-des-s%C3%BCdens-hat-der-dritte-weltkrieg-l%C3%A4ngst-begonnen.html.

25 Monty Python haben diese Vorstellung unnachahmlich karikiert im Fussballspiel der Philosophen, in dem Deutschland gegen Griechenland spielt (https://www.youtube.com/watch?v=LfduUFF_i1A und für Details darüber https://de.wikipedia.org/wiki/Fu%C3%9Fballspiel_der_Philosophen).

Anhang

Zu diesem Buch

Jede Auswahl von Philosophinnen und Philosophen ist willkürlich. Ich habe mich in diesem Buch über die Philosophie in der Schweiz ausserdem bemüht, den Begriff dessen zu erweitern, was man gewöhnlich als Schweizer Philosoph bzw. als Schweizer Philosophin bezeichnen würde – so als ginge es hier um eine geistige Fussballnationalmannschaft.[25] Wie schief diese metaphorische Vorstellung ist, wird einem an einem kleinen, mehrvölkigen und mehrsprachigen Land wie der Schweiz, das immer schon enge Verbindungen zu den Nachbarländern und -kulturen hat, bewusst. Wer ein bedeutender Denker in der Schweiz war, war gern bereit, auch ins – häufig benachbarte – Ausland zu gehen (ab dem 20. Jahrhundert auch in die USA), aber viele bedeutende Denkerinnen und Denker aus anderen Ländern kamen auch aus unterschiedlichsten Motiven in die Schweiz, und daher halte ich es für sinnvoll, dass eine Philosophiegeschichte der Schweiz auch sie und ihre Verflechtungen mit diesem Land erwähnt.

Ich bin offen, die Liste der hier aufgeführten Philosophinnen und Philosophen zu ergänzen. Wenn Sie einen Vorschlag bzw. einen Namen mit ein, zwei Gründen für die Aufnahme haben, werde ich diese prüfen und die Philosophin bzw. den Philosophen bei einer möglichen aktualisierten 2. Auflage aufnehmen.

Wenn Sie also Ergänzungen vorschlagen oder sonstiges Feedback geben wollen, so freue ich mich darüber: philomail@ philocom.ch.

Jeder Mensch verfährt – obwohl man diese professionell und eingedenk der wissenschaftlichen Seriosität häufig beiseite zu lassen verpflichtet ist – nach seiner eigenen Neigung. So werden Sie auch in meinem Buch eine bestimmte Perspektive auf die Schweizer Philosophiegeschichte (und so einen oft vernachlässigten Teil der Schweizer Geschichte) erkennen können. Ich hoffe, dass diese Perspektive bereichern kann. Und ich wünsche mir natürlich, dass Sie mit ihr etwas anfangen können.

Bei der Reihenfolge, in die ich die Philosophinnen und Philosophen gebracht habe, spielen eine Rolle a) ihre Lebenszeit (vor allem das Todesdatum, da bei Philosophen, anders als bei Sportlern, die Hauptleistungen eher nicht in jungen Jahren, sondern im gereifteren Alter zu erwarten sind) und b) die Zeit ihrer Wirkung (manchmal setzt diese erst ein, wenn sie schon fast tot sind, wie bei Nietzsche oder das entscheidende Werk erscheint gar erst posthum, wie bei Amiel, manchmal jedoch ist sie schon in ihrer Lebenszeit gross).

Dieses Buch ist hervorgegangen aus der Erarbeitung eines Jahresseminars zur Philosophie in der Schweiz an der Volkshochschule Bern. Da das Ganze einen Überblick darstellen soll, sind die Angaben zu manchen Philosophinnen und Philosophen skizzenhaft.

Dank

Ein Buch hat zwar einen Autor, benötigt aber zu seinem Entstehen so mancher Anregung, Unterstützung und Ermutigung. Ich danke darum zuerst den Teilnehmerinnen und Teilnehmern an meinem Seminar zur Philosophie in und aus der

Schweiz, das damals wegen der COVID-19-Pandemie online stattfinden musste, was zwar einige von der Teilnahme abhielt, aber andere umso engagierter und interessierter teilnehmen liess.

Weiterhin danke ich meinem Lektor im Schwabe Verlag, der nach anfänglichem Zögern das Projekt klar unterstützte und viele Vorschläge zur Ergänzung und Korrektur machte, die das Buch meinem ursprünglichem Manuskript gegenüber aufwerteten.

Des Weiteren danke ich Ruedi Imbach, der mit seinen Bemerkungen und Vorschlägen auch sehr zur Aufwertung und differenzierteren Gestaltung des Gesamttextes beigetragen und das Buch-Projekt unterstützt hat.

Darüber hinaus danke ich meiner Frau Susanna Staude, die mich bei meiner Arbeit am Buch immer unterstützt hat.

Zuletzt danke ich all den Leserinnen und Lesern des Buches, denn der Sinn eines Buches ist ja seine Lektüre. Um diese zu ermöglichen und dadurch hoffentlich zur Anregung und Bereicherung beizutragen, wurde all die Arbeit und Zeit immerhin investiert.

Bibliografie

In dieser Bibliografie finden sich nur Texte, die für die Erstellung dieses Buches von grösserer Bedeutung waren. Darum findet sich bei kaum einem der genannten Autoren eine auch nur annähernd vollständige Veröffentlichungsliste. Weitere Texte wurden in den vorigen Kapiteln am jeweiligen Ort bzw. in den Endnoten bereits erwähnt. Ferner sind hier nicht aufgeführt kleinere, für das Buch weniger bedeutsame Schriften oder Beiträge im Internet, die zu Recherchezwecken benutzt wurden

(z. B. Angaben von Universitätswebseiten oder anderweitig überprüfte Angaben von Wikipedia).

Allgemeines zur Philosophie in der Schweiz

Angehrn, Emil/Rother, Wolfgang (Hgg.): Philosophie in Basel. Prominente Denker des 19. und 20. Jahrhunderts, Basel 2011.

Dejung, Christoph: Philosophie aus der Schweiz, Zürich 1999.

Fueter, Eduard: «Gibt es eine schweizerische Philosophie?» in: Neue Schweizer Rundschau 4, 1936–1937, 236–250.

Gauss, Hermann: «Philosophie in der Schweiz», in: Zeitschrift für philosophische Forschung 1, 1947, 370–380.

Good, Paul: «Das soziale Geschehen der Philosophie in der Schweiz von 1900–1977», in: Studia philosophica 37, 1977, 295–354.

Historisches Lexikon der Schweiz (HLS), https://hls-dhs-dss.ch.

Honegger, Claudia/Rychner, Marianne (Hgg.): Das Ende der Gemütlichkeit, Zürich 1998.

Lauener, Henri: Zeitgenössische Philosophie in der Schweiz, Bern 1984.

Maissen, Thomas: Ein «helvetisch Alpenvolck». Die Formulierung eines gesamteidgenössischen Selbstverständnisses in der Schweizer Historiographie des 16. Jahrhunderts; online: https://www.uni-heidel-berg.de/imperia/md/content/fakultaeten/phil/zegk/histsem/mitglieder/ls_maissen/dateienhomepage/ein_helvetisch_alpen volck.pdf.

Meyer, Martin (Hg.): Philosophie in der Schweiz. Eine Bestandesaufnahme, Zürich/München 1981 (hier die Einleitung).

Muralt, André de: Philosophes en suisse française, Neuchâtel 1966.

Tumarkin, Anna: Wesen und Werden der schweizerischen Philosophie, Frauenfeld 1948.

Wild, Markus: «Brief aus der Schweiz», in: Deutsche Zeitschrift für Philosophie 67/2, 2019, 282–299.

Philosophische Zeitschriften und Webseiten in der Schweiz

dialectica, Internationale Zeitschrift für Philosophie und offizielles Organ der Europäischen Gesellschaft für Analytische Philosophie, dialectica.philosophie.ch.

Freiburger Zeitschrift für Philosophie und Theologie, www.unifr.ch/fzphth/de, mehrsprachige Zeitschrift für Philosophie und Theologie.

Journal of Didactics of Philosophy, e-Journal für Didaktik der Philosophie auf der Webseite von philosophie.ch.

Studia philosophica, Zeitschrift der Schweizerischen Philosophischen Gesellschaft, Schwabe Verlag, Basel/Berlin.

www.philosophie.ch, Projekt und Verein für akademische und öffentlichkeitsorientierte Philosophie in der Schweiz.

www.philopraxis.ch, Webseite des Netzwerks für praktisches Philosophieren.

www.sagw.ch/philosophie, Webseite der Schweizerischen Philosophischen Gesellschaft.

Mittelalter bis Aufklärung

Castellio, Sebastian: De haereticis an sint persequendi. Von Ketzern, ob man sie auch verfolgen oder wie man mit ihnen verfahren soll. Ansichten und Zeugnisse Martin Luthers und Johannes Brenz, auch vieler anderer alter und zeitgenössischer Gelehrter. Ein Büchlein, das in dieser schweren Zeit allen Menschen höchst nötig ist, besonders nützlich den Politikern und Obrigkeiten, woraus man lernen kann, welche Aufgabe sie in dieser ungewissen, gefährlichen Sache haben, deutsche Übersetzung von Adam Frisius, Strassburg 1555.

Castellio, Sebastian: De arte dubitandi et confidendi, ignorandi et sciendi (lat., engl.), Leiden 1981.

Castellio, Sebastian: Gegen Calvin, übersetzt und kommentiert von Uwe Plath, Essen 2015.

Erasmus von Rotterdam: Encomium moriae (1509), hg. von Jean Leclerc, Leiden 1703.
Erasmus von Rotterdam: Institutio principis cristiani (1514), in: Ausgewählte Schriften, hg. von W. Welzig, Darmstadt 1968.
Erasmus von Rotterdam: Der Frauensenat, in: Colloquia familiaria, 1518; online: https://projekt-gutenberg.org/erasmus/gespraec/chap009.html.
Erasmus von Rotterdam: Über die Umgangserziehung der Kinder + Über die Notwendigkeit einer frühzeitigen allgemeinen Charakter- und Geistesbildung der Kinder, in: Ausgewählte Pädagogische Schriften, hg. von A. J. Gail, Paderborn 1963, 89–159.
Erasmus von Rotterdam: Die Klage des Friedens, Übertragung K. Steinmann, Frankfurt a. M./Leipzig 2001, Originaltitel: QUERELA PACIS UNDIQUE GENTIUM EIECTIAE PROFLIGATAEQUE (Die Klage des Friedens, der von allen Völkern verstossen und niedergeschlagen wurde).
Erasmus von Rotterdam: Adagia / Sprichwörter, Lateinisch – Deutsch, Gesamtübersetzung Claude Descoudres, 6 Bde., Basel 2021.
Morus, Thomas: Utopia, übersetzt von Gerhard Ritter, Stuttgart 1964.
Paracelsus: Das Buch Paragranum, Leipzig 1903; online: https://www.paracelsus.uzh.ch/paracelsus-sudhoff-edition.html.
Paracelsus: Labyrinthus Medicorum Errantium, Leipzig 1915.
Paracelsus: Opus Paramirum, in: Paracelsus Sämtliche Werke, Abt. 1, Bd. 9, München 1925.
Zwingli, Ulrich, Auslegen und Begründen der Schlussreden (1523), in: Hauptschriften, hg. von F. Blanke/O. Farner/R. Pfister, Zürich 1952.

Aufklärung

Baum, Angelica/Christensen, Brigit (Hgg.), Julie Bondeli Briefe, 3 Bde., Zürich 2012.

Bonnet, Charles: Contemplation de la nature (1761), dt. Übers., in: Jenny, Ernst/Rossel, Virgile: Geschichte der schweizerischen Literatur, Bd. 1, Bern 1910, S. 239 f.

Burlamaqui, Jean-Jacques: Principes du droit naturel, Genf 1748, Neudruck Hildesheim 1984.

Constant, Benjamin: Über die Perfektibilität des Menschengeschlechts (1829), dt. in: Werke, Bd. 4, hg. von A. Blaeschke/L. Gall, Berlin 1970–1972.

de Condillac, Étienne Bonnot: Abhandlung über die Empfindungen (Traité des sensations), hg. von Lothar Kreimendahl, Hamburg 1983.

De la Mettrie, Julien Offray: Système d'Épicure, auch: Discours sur le bonheur (1750; Über das Glück oder das höchste Gut), hg. u. eingel. von Bernd A. Laska, übers. Gertraud Busse, Nürnberg 1985.

De la Mettrie, Julien Offray: Der Mensch eine Maschine, eingerichtet von Michael Holzinger, Übers. von 1875, Berlin 2013.

De Staël, Germaine: De L'Allemagne; online: https://www.projekt-gutenberg.org/stael/deutschl/titlepage.html.

De Staël, Germaine: Corinne ou l'Italie, hg. von Simone Balayé, Paris 1985, Neudruck in der Collection «Folio classique», Bd. 1632.

Fues, Wolfram Malte: Das Geschlecht der Vernunft. ‹Raison› und ‹Esprit› im Denken der Aufklärung, in: Opitz, C./Weckel, U./Kleinau, E. (Hgg.): Tugend, Vernunft, Gefühl. Geschlechterdiskurse der Aufklärung und weibliche Lebenswelten, Münster 2000.

Lambert, Johann Heinrich: Neues Organon, Bd. 1, Leipzig 1764.

Lambert, Johann Heinrich: Cosmologische Briefe, in: Johann Heinrich Lamberts «Cosmologische Briefe» mit Beiträgen zur Frühgeschichte der Kosmologie, hg. von Gerhard Jackisch, Berlin 1979.

Lavater, Johann Caspar: Zueignungsschrift der Bonnetischen Philosophischen Untersuchung der Beweise für das Christenthum an Herrn Moses Mendelssohn in Berlin, Zürich 1769.

Pestalozzi, Heinrich: «Meine Nachforschungen» (1799), in: Sämtliche Werke, hg. von Arthur Buchenau/Eduard Spranger/Hans Stettbacher, Bd. 12, Berlin/Leipzig 1938.

Pestalozzi, Heinrich; online: http://www.heinrich-pestalozzi.de/biographie/neuhofjahre/der-schriftsteller-pestalozzi/die-leutnantsphilosophie.

Pestalozzi, Heinrich: Sämtliche Werke. Kritische Ausgabe begr. von Arthur Buchenau/Eduard Spranger/Hans Stettbacher, 31 Bde., Berlin/Leipzig und Zürich 1927–1996 (PSW 1–29).

Rousseau, Jean-Jacques: Du contrat social (Vom Gesellschaftsvertrag), 1754/56.

Rousseau, Jean-Jacques: Julie oder Die neue Heloise. Briefe zweier Liebender aus einer kleinen Stadt am Fusse der Alpen übersetzt von J. G. Gellius u. a., Leipzig 1761 (verbesserte Neuauflage 1776).

Rousseau, Jean-Jacques: Les Rêveries du promeneurs solitaire (zuerst 1782), Paris 1960.

Rousseau, Jean-Jacques: Die Bekenntnisse, übers. von Alfred Semerau, München 1978/1981.

Rousseau, Jean-Jacques: Emil oder über die Erziehung, vollst. Ausg. besorgt v. L. Schmidts, Paderborn 1981.

Rousseau, Jean-Jacques: Abhandlung über die Ungleichheit unter den Menschen, hg. von H. Meier, Paderborn/München/Wien/Zürich 1984.

Rousseau, Jean-Jacques: Discours sur les sciences et les arts / Abhandlung über die Wissenschaften und die Künste, hg. von Beatrice Durand, übers. von Beatrice Butz-Striebel, Ditzingen 2012.

Schiller, Friedrich: Biografie, Arbeit am Wilhelm Tell; online: http://www.schiller-biografie.de.

Soave, Francesco: Moralische Novellen der Jugend, aus dem Ital. übersetzt, Leipzig 1787.

Soave, Francesco: Trattato elementare dei doveri dell'uomo, um 1790, Ausgabe Mailand 1817.

Sulzer, Johann Georg: Grundsäze der Schönen Wißenschaften und Freyen Künste, Leipzig 1756.

Sulzer, Johann Georg: Vermischte philosophische Schriften, Leipzig 1773, Neudruck Hildesheim 1974.

Sulzer, Johann Georg: Allgemeine Theorie der Schönen Künste, 5 Bde., Leipzig 1792–1794 und 1799, Reprint Hildesheim 1967; s. a. https://www.textlog.de/sulzer_kuenste.html.

Tumarkin, Anna: Der Ästhetiker Johann Georg Sulzer, Frauenfeld/Leipzig 1933.

Voltaire, François-Marie Arouet: Candide (Kandide), Genf 1759.

Voltaire, François-Marie Arouet: Philosophische Briefe, übers. von Rudolf von Bitter, Frankfurt a. M./Berlin/Wien 1985.

19. Jahrhundert

Amiel, Henri Frédéric: Intimes Tagebuch. Ausgewählt, übersetzt und eingeleitet von Ernst Merian-Genast. Mit Essays von Georges Poulet, Luc Boltanski und Emmanuel Le Roy Ladurie, München 1986.

Bachofen, Johann Jakob: Das Mutterrecht (1861), Bd. 2, hg. von K. Meuli, Basel 1948.

Bakunin, Michail: Revolutionärer Katechismus, übers. von M. Nettlau, Osnabrück o. J.

Bakunin, Michail: Philosophie der Tat, hg. von Rainer Beer, Köln 1968.

Bakunin, Michail: Die Berner Bären und der Bär von Petersburg, aus dem Französischen übersetzt von Katrin Reinhart, Zürich 1970.

Böhmer, Otto A.: Der Geist im Hochgebirge, in: Frankfurter Rundschau online, 29.8.2016; https://www.fr.de/kultur/literatur/geist-hochgebirge-11687638.html.

Bondeli, Martin: Hegel in Bern, Hamburg 2016 (Hegel Studien, Beiheft 33).

Bulletin de la Fédération Jurassienne, hg. von James Guillaume u. a.; online: https://archivesautonomies.org/spip.php?article75.

Burckhardt, Jacob: Weltgeschichtliche Betrachtungen, Einleitung; online: https://projekt-gutenberg.org/burckhar/weltgesc/weltgesc.html.

Burckhardt, Jacob: Die Cultur der Renaissance in Italien. Ein Versuch, München/Basel 2018.

Butler, Judith: Warum jetzt Hegel lesen? in: Die Zeit Nr. 8 vom 13.2. 2020.

Figner, Vera: Nacht über Russland. Lebenserinnerungen, Berlin 1926.

Habermas, Jürgen: Der philosophische Diskurs der Moderne, Frankfurt a. M. 1985.

Hegel, Georg Wilhelm Friedrich: Vertrauliche Briefe über das vormalige staatsrechtliche Verhältnis des Waadtlandes (pays de Vaud) zur Stadt Bern. Eine völlige Aufdeckung der ehemaligen Oligarchie des Standes Bern, hg. von Wolfang Wieland, Faksimile der Ausg. von 1798, Göttingen 1970.

Hegel, Georg Wilhelm Friedrich: Werke, Bd. 1, Frankfurt a. M. 1979.

Hegel, Georg Wilhelm Friedrich: Das älteste Systemprogramm des deutschen Idealismus; online: http://www.zeno.org/Philosophie/M/Hegel,+Georg+Wilhelm+Friedrich/%5BDas+%C3%A4lteste+Systemprogramm+des+deutschen+Idealismus%5D.

Hugo Ball: Michael Bakunin. Ein Brevier (Hugo Ball, Sämtliche Werke und Briefe 4), Göttingen 2010.

Kropotkin, Peter: Gegenseitige Hilfe in der Tier- und Menschenwelt; übers. von Gustav Landauer; online: https://www.totalliberation.net/philosophy/anarchism/gegenseitige-hilfe-in-der-tier-und-men schenwelt/.

László, V. Szabó: Der unheimlichste aller Gäste und seine Erscheinungsformen. Ideen zur Geschichte des Nihilismus; in: Pro Philosophia 21–22 (2000), S. 29–46.

Nicolin, Friedhelm/Schüler, Gisela (Hgg.): Georg Wilhelm Friedrich Hegel, Frühe Schriften, Hamburg 1989.

Nietzsche, Friedrich: Die nachgelassenen Fragmente. Eine Auswahl, hg. von Günter Wohlfart, Stuttgart 1996.

Nietzsche, Friedrich: Also sprach Zarathustra I–IV (KSA IV), Neuausgabe, München 1999.

Nietzsche, Friedrich: «Die Geburt der Tragödie aus dem Geist der Musik», in: ders.: Kritische Studienausgabe (KSA) I, hg. von Giorgio Colli/Mazzino Montinari, 7. Aufl., München 2007.

Nietzsche, Friedrich: «Nachgelassene Schriften, Ueber Wahrheit und Lüge im aussermoralischen Sinne», in: KSA I, 7. Aufl., München. 2007.

Nietzsche, Friedrich: «Unzeitgemässe Betrachtungen, Zweites Stück: Vom Nutzen und Nachteil der Historie für das Leben», in: KSA I, 7. Aufl., München 2007.

Nietzsche, Friedrich: «Götzen-Dämmerung, Das Problem des Sokrates», in: KSA VI, 8. Aufl., München 2008.

Nietzsche, Friedrich: «Genealogie der Moral, Erste Abhandlung», in: KSA V, 13. Aufl., München 2014.

Nietzsche, Friedrich: «Die fröhliche Wissenschaft, 3. Buch», in: KSA III, 9. Aufl., München 2015.

Oberländer, Erwin (Hg.): Der Anarchismus, Olten/Freiburg i. Br. 1972 (Dokumente der Weltrevolution 4). Digitalisiert von www.anarchismus.at.

Schindler, Dietrich: Über das staatstheoretische Denken in der Schweiz, in: Meyer, Martin (Hg.), Philosophie in der Schweiz, Zürich/München 1981.

Tolstoi, Leo: Henri-Frédéric Amiel, in: Neue Schweizer Rundschau, 5/11, 1937/38; online: http://doi.org/10.5169/seals-759022.

Troxler, Ignaz Paul Vital: Ueber Prinzip, Natur und Studium der Philosophie, Antrittsvorlesung in Basel, Zürich 1944.

Rammstedt, Otthein (Hg.): Anarchismus. Grundtexte zur Theorie und Praxis der Gewalt, Köln/Opladen 1969. Gescannt und bearbeitet von www.anarchismus.at.

Reclus, Élisée: Nouvelle Géographie Universelle, 19 Bde., Paris 1876–1894; online: https://gutenberg.org/cache/epub/28370/pg28370-images.html.

Reclus, Élisée: «Zur vegetarischen Lebensweise» (1901), in: Leo Tolstoi u. a.: Das Schlachten beenden! Zur Kritik der Gewalt an Tieren. Anarchistische, feministische, pazifistische und linkssozialistische Traditionen, Nettersheim 2010.

Reclus, Élisée: L'Homme et la Terre, Paris 1905; online: https://archive.org/details/lhommeetlaterre00reclgoog/page/n11/mode/2upv.

von Borries, Achim/Brandies, Ingeborg: Anarchismus. Theorie, Kritik, Utopie, Frankfurt 1970; nach: Memoiren eines Revolutionärs, deutsch von Max Pannwitz, Bd. 2, Stuttgart 1900; übernommen aus www.anarchismus.at.

20. Jahrhundert

Ahrendt, Hannah: Was ist Existenzphilosophie, Frankfurt a. M. 1990.

Angehrn, Emil: «Der Weg ins Offene», in: Letna Park. Prager Kleine Seiten, online: https://www.letnapark-prager-kleine-seiten.com/der-weg-ins-offene.html.

Bocheński, Joseph Maria: Handbuch der Weisheit dieser Welt, München 2016; Original: Podręcznik mądrości rego świata, Kraków 1992.

de Saussure, Ferdinand: Grundfragen der Allgemeinen Sprachwissenschaft, Berlin 2001.

Gebser, Jean: Ursprung und Gegenwart, Steinbergkirche 1999.

Gehlen, Arnold: «Das Bild des Menschen im Lichte der modernen Anthropologie» (1952), in: ders.: Anthropologische Forschung. Zur Selbstbegegnung und Selbstentdeckung des Menschen, Reinbek bei Hamburg 1961.

Gehlen, Arnold: «Zur Geschichte der Anthropologie» (1957), in: ders.: Anthropologische Forschung. Zur Selbstbegegnung und Selbstentdeckung des Menschen, Reinbek bei Hamburg 1961.

Gigon, Olof: «Das hellenische Erbe», in: Propyläen Weltgeschichte, Bd. 3, Berlin 1962, 573–675.

Gigon, Olof: Der Ursprung der griechischen Philosophie (1945), Basel 1968.

Gigon, Olof: Die Kultur der Griechen, Frankfurt 1969, in: ders./Wotschitzky, Alfons: Die Kultur des klassischen Altertums, Wiesbaden 1979 (Handbuch der Kulturgeschichte, Abt. 2).

Gigon, Olof: «Philosophie und Wissenschaft bei den Griechen», in: Vogt, Ernst (Hg.): Neues Handbuch der Literaturwissenschaft, Bd. 2, Frankfurt a. M. 1981, S. 231–304.

Gigon, Olof: Sokrates: sein Bild in Dichtung und Geschichte, Bern 1947; 3. Aufl. Tübingen/Basel 1994.
Hadot, Pierre: Philosophie als Lebensform. Geistige Übungen in der Antike, Berlin 1991.
Hersch, Jeanne, Das philosophische Staunen (1989), 6. Aufl., München 1997.
Jaspers, Karl: Vom Ursprung und Ziel der Geschichte, Zürich/München 1949.
Jaspers, Karl: Der philosophische Glaube angesichts der Offenbarung, München 1962.
Jaspers, Karl: Kleine Schule philosophischen Denkens, München 1963.
Jaspers, Karl: Philosophie, 3 Bde., Berlin 1932; 4. unv. Aufl. Berlin/Heidelberg/New York 1973.
Jauch, Ursula Pia: «Die erste Frau Professor in der Philosophie. Oder: Anna Tumarkin, eine grosse Unbekannte», in: Schweiz am Wochenende, 30.9.2017, W4; online: https://www.zora.uzh.ch/id/eprint/141106/1/Jauch_Die_erste_Frau_Professor_2017.pdf.
Künzli Arnold: Die Angst als abendländische Krankheit. Dargestellt an Sören Kierkegaard, Zürich 1948.
Künzli, Arnold: Karl Marx. Eine Psychographie, Wien/Frankfurt a. M./Zürich 1966.
Künzli, Arnold: Menschenmarkt. Die Humangenetik zwischen Utopie, Kommerz und Wissenschaft, Hamburg 2001.
Künzli, Arnold: «Psychopathologie der Abzockerei», in: WoZ Nr. 27, 2006; online: https://www.woz.ch/0627/kapitalismuskritik/psycho pathologie-der-abzockerei.
Lauener, Henri: Offene Transzendentalphilosophie, Hamburg 2002.
Lerch, Fredi: «Wo verbringt Jeanne Hersch ihre Ferien?» in: WoZ Nr. 12, 1982; online: https://fredi-lerch.ch/index.php?id=137&tx_news_pi1%5Bnews%5D=140&tx_news_pi1%5Bcontroller%5D=News&tx_news_pi1%5Baction%5D=detail&cHash=53a596536b86b31c5cde3487d3f9360c.
Piaget, Jean: Weisheit und Illusion der Philosophie (1965), dt. von F. Herborth, Frankfurt a. M. 1985.

Piaget, Jean/Inhelder, Bärbel: La psychologie de l'enfant, Paris 1966; Die Psychologie des Kindes, dt. von Lorenz Häflinger, Olten/Freiburg i. Br. 1972.

Pieper, Annemarie: Gut und Böse, München 1997.

Pieper, Annemarie: «Rehabilitierung des Gefühls», in: Angehrn, Emil/Baertschi, Bernard (Hgg.): Emotion und Vernunft, Bern 2000 (studia philosophica 59), S. 33–50; e-Journal Philosophie der Psychologie: http://www.jp.philo.at/texte/PieperA1.pdf

Pieper, Annemarie: Einführung in die Ethik (1985), 5. überarb. Aufl., Tübingen/Basel 2003.

Pieper, Annemarie: Die Klugscheisser GmbH, Basel 2003.

Saner, Hans: Geburt und Phantasie. Philosophische Essays, Basel 1977/1995.

Saner, Hans in einem Brief an Fredi Lerch über Poesie: 30.1.1990; online: https://stw.fredi-lerch.ch/index.php?id=151 und 26.9.1990, siehe: https://stw.fredi-lerch.ch/index.php?id=151.

Saner, Hans: «Philosophie und Kunst im Hinblick auf Karl Jaspers», in: Schulz, Reinhard/Bonanni, Giandomenico/Bormuth, Matthias (Hgg.): Wahrheit ist, was uns verbindet, Göttingen 2009, S. 70ff.

Vontobel, Werner: Visionen eines Einäugigen, in: Cicero, März 2005, S. 90f.; online: https://www.cicero.de/wirtschaft/visionen-des-ein%C3%A4ugigen/36793.

Wiggershaus, Wolf: «Was ist die wichtigste Aufgabe des Konsumenten? Über Friedrich Pollock»; online: https://www.deutschlandfunkkultur.de/soziologe-friedrich-pollock-was-ist-die-wichtigste-aufgabe.932.de.html?dram:article_id=449381.

21. Jahrhundert

Bieri, Peter (Pascal Mercier): Perlmanns Schweigen, München 1997.

Bieri, Peter: Das Handwerk der Freiheit, Frankfurt a. M. 2003.

Bieri, Peter: Wie wollen wir leben? St. Pölten/Salzburg 2011.

Bieri, Peter (Pascal Mercier): Das Gewicht der Worte, München 2019.

Bieri, Peter: «Ich schreibe, um mir selbst etwas klar zu machen» – Interview mit der Wiener Zeitung; online: https://www.wienerzeitung.at/startseite/archiv/93663_Peter-Bieri.html.

Gloy, Karen: Denkformen und ihre kulturkonstitutive Rolle, Paderborn 2016.

Gloy, Karen: Demokratie in der Krise? Überlegungen angesichts der Corona-Krise, Würzburg 2020.

Imbach, Ruedi/Schulthess, Peter: Die Philosophie im lateinischen Mittelalter. Ein Handbuch mit einem bio-bibliographischen Repertorium, Zürich 2002.

Imbach, Ruedi: «Philosophiehistorische Fussnote», in: Holderegger, Adrian/Weichlein, Siegfried/Zurbuchen, Simone (Hgg.): Humanismus. Sein kritisches Potential für Gegenwart und Zukunft, Fribourg/Basel 2011, S. 369–372.

Wolf, Jean-Claude: «Der Humanismus und die Paradigmen der Grausamkeit», in: Holderegger, Adrian/ Weichlein, Siegfried/Zurbuchen, Simone (Hgg.): Humanismus. Sein kritisches Potential für Gegenwart und Zukunft, Fribourg/Basel 2011, S. 145–155.

Ziegler, Jean: Wir lassen sie verhungern. Die Massenvernichtung in der Dritten Welt, München 2011.

Ziegler, Jean: Die Schande Europas, München 2020; Original: Lesbos. La Honte de L'Europe, Paris 2020.

Liste der Philosophinnen und Philosophen in und aus der Schweiz

Zeit	Name	Ort/e	Ausrichtung
950–1022	*Notker* Labeo / Notker Teutonicus	St. Gallen	Philosoph, Linguist, Übersetzer; erster Aristoteles-Kommentator des Mittelalters
1141–1178	*Frowin*	St. Blasien, Engelberg	als Abt verhalf er dem Kloster E. zu einer Bibliothek, einer Klosterschule, einer Schreib- und Malschule; er verfasste einen Traktat über den freien Willen
1467–1537	*Erasmus von Rotterdam*	Basel; NL, BE, GB, D	Humanist, Philologe, Philosoph, Pädagoge, Ethiker, Pazifist; bedeutendster humanistischer Gelehrter in der Schweiz; schrieb 150 Bücher
1484–1531	*Ulrich Zwingli* / Huldrych Zwingli	Zürich	bedeutender Schweizer Reformator und Schüler von Erasmus
1493–1541	*Theophrastus Bombastus von Hohenheim* / Paracelsus	Einsiedeln, Basel, Europa, Salzburg	Arzt, Philosoph, Alchimist, Theologe, Empiriker, Sprachkritiker
1515–1563	*Sebastian Castellio*	Saint-Martin-du-Fresne, Lyon, Genf, Basel	der Toleranz verpflichteter Humanist und protestantischer Theologe; Philosoph («Die Kunst zu zweifeln»), Gewissensfreiheit, Universalismus
1663–1750	*Jean-Pierre de Crousaz*	Lausanne, Groningen	Mathematiker und Philosoph; Gegner der Philosophie von Leibniz und Christian Wolff; in der Ästhetik Anhänger der Einheit in der Mannigfaltigkeit

Zeit	Name	Ort/e	Ausrichtung
1674–1744	*Jean Barbeyrac*	Montpellier, Lausanne, Groningen	Jurist und bedeutender Naturrechtsphilosoph: «Discours sur l'utilité des lettres et des sciences, par rapport au bien de l'État», 1715
1694–1748	*Jean-Jacques Burlamaqui*	Genf	Naturrechtsphilosoph und Ethiker; seine Gedanken beeinflussten die Unabhängigkeitserklärung der USA; «Principes du Droit Naturel», 1747
1714–1767	*Emer de Vattel*	Neuenburg, Basel, Dresden, Bern, Prag	Naturrechtsphilosoph und Diplomat; «Droit des gens, ou principes de la loi naturelle appliqués à la conduite et aux affaires des nations et des souverains», 1758
1712–1778	*Jean-Jacques Rousseau*	Genfer und Weltbürger	berühmtester Schweizer Philosoph; dachte die Westschweizer Naturrechtslehre weiter, begründete die Romantik, den Schweizer Tourismus, die Pädagogik etc. und war Vordenker der Französischen Revolution
1694–1778	*François Marie (Arouet) Voltaire*	lebte zwanzig Jahre in der Schweiz	als Propagandist der Aufklärung berühmt; «Contes philosophiques», «Candide»
1709–1751	*Julien Offray de la Mettrie*	Arzt aus St. Malo, Philosoph am Hof Friedrichs II.	berühmter materialistischer Philosoph der Aufklärung; «L'homme machine», 1747; seine Hauptidee kam ihm durch einen Fieberanfall im Feldlager bei Fribourg

Zeit	Name	Ort/e	Ausrichtung
1728–1777	*Johann Heinrich Lambert*	aus Mülhausen, damals zur CH gehörig; später Mitglied der Preussischen Akademie der Wissenschaften	aus bescheidenen Verhältnissen stammender Universalgelehrter, dessen philosophische Werke auch Kant stark beeindruckten; «Cosmologische Briefe», «Neues Organon»
1732–1778	*Susanna Julie Bondeli*	Bern, Neuenburg	Salonniere und hochgeschätzte Intellektuelle in Bern, die im Buchseegut in Köniz regelmässige Salons abhielt, die zwischen 1755 und 1765 das Zentrum der Aufklärung in Bern wurden; Freundin Rousseaus
1720–1779	*Johann Georg Sulzer*	aus Winterthur; verbrachte eine lange Zeit seines beruflichen Lebens in Berlin	Ästhetiker, Ethiker, Philosoph und Pädagoge; «Allgemeine Theorie der Schönen Künste», 1771/1774
1720–1793	*Charles Bonnet*	Genfer	Naturwissenschaftler und Philosoph; Empirist, «Haller der Westschweiz»; glaubte, philosophisch ein Weiterleben nach dem Tode nachweisen zu können
1741–1801	*Johann Caspar Lavater*	Zürich, Berlin	Theologe, Psychologe mit naturwissenschaftlichen Interessen; «Physiognomische Fragmente, zur Beförderung der Menschenkenntniß und Menschenliebe»
1743–1806	*Francesco Soave*	in Lugano geborener, v. a. in Norditalien wirkender	bedeutender Reformer und Förderer der Volksbildung; popularisierte empirisch-sensualistische Lehren; «Ricerche intorno all'istituzione naturale d'una so-

Zeit	Name	Ort/e	Ausrichtung
		Philosoph und Pädagoge	cietà e d'una lingua», 1772; «Novelle morali», 1782; «Istituzioni di logica, metafisica ed etica», 1791
1746–1803	*Johann Heinrich Pestalozzi*	Brugg, Zürich, Birr, Stans, Burgdorf, Yverdon-les-Bains	berühmter Schweizer Pädagoge; sozialreformerisch und anthropologisch denkender, durch Rousseau inspirierter Theoretiker, Schriftsteller und Praktiker; «Lienhard und Gertrud», 1781–1787; «Gesetzgebung und Kindermord», 1783; «Ja oder Nein?» 1793; «Meine Nachforschungen über den Gang der Natur in der Entwicklung des Menschengeschlechts», 1797; «Wie Gertrud ihre Kinder lehrt», 1782
1766–1817	*Germaine de Staël*	Genf, Paris, Coppet, Europa	europäische Intellektuelle, politische Aktivistin und Literatin; «De l'Allemagne»; «Corinne ou l'Italie»
1767–1830	*Henri-Benjamin Constant de Rebecque*	Lausanne, Göttingen, Paris, Coppet, Europa	liberaler politischer Publizist und Philosoph, verhinderter Religionsgeschichtler und Politiker; «De la liberté des Anciens comparée à celle des Modernes», 1819
1766–1840	*Philipp Albert Stapfer*	Bern, Brugg, Göttingen, Paris, London	Diplomat, Bildungspolitiker, Theologe, Kulturphilosoph; beteiligt an der Gründung des Kantons Aargau
1770–1831	*Georg Wilhelm Friedrich Hegel*	Bern (1793–1796), Genf, Berner	Philosoph, Deutscher Idealismus; in Bern Hauslehrer; lernt in Bern das Ancien Régime ken-

Zeit	Name	Ort/e	Ausrichtung
		Oberland, Wallis, Tschugg	nen und setzt sich aktiv für die Befreiung der Waadt ein
1780–1866	*Ignaz Paul Vital Troxler*	Beromünster, Luzern, Wien, Basel, Bern	von Schelling beeinflusster idealistischer Philosoph und Theoretiker der Medizin, Politiker, Vordenker der Anthroposophie; verlangt Schule ohne kirchlichen Einfluss; seine Idee des Ständerats führte zur Entstehung der modernen Schweiz
1818–1897	*Jacob Burckhardt*	Basel, Neuenburg, Berlin, Zürich, Rom	Kulturhistoriker
1815–1886	*Johann Jakob Bachofen*	Basel, Berlin, London, Paris, Cambridge u. a.	Kunst- und Rechtshistoriker, Theoretiker des Matriarchats (der Gynaikokratie); «Das Mutterrecht»
1821–1881	*Henri-Frédéric Amiel*	Genf, Heidelberg, Berlin	Philosophie- und Ästhetik-Professor, bekannt wegen seines Tagebuchs und wegen seines Liedes «Roulez tambours!» gegen die Preussen in Neuenburg
1844–1900	*Friedrich Nietzsche*	Schulpforta, Bonn, Leipzig, Basel, Sils, Norditalien	im 20. Jahrhundert sehr einflussreicher Philosoph; ‹Gott ist tot!›, «Zarathustra», Nihilismus; litt unter verschiedenen Krankheiten
1812–1870	*Alexander Herzen*	Genf	Philosoph, Astronom, Revolutionär, Freund Bakunins; gab das Revolutionsblatt «Kolokol» (Glocke) heraus
1814–1876	*Michail Bakunin*	Zürich, Genf, Jura, Bern, London, Paris	Philosoph und Anarchist; eindrucksvolle Persönlichkeit;

Zeit	Name	Ort/e	Ausrichtung
			gründete im Jura die Antiautoritäre Internationale
1830–1905	*Élisée Reclus*	Paris, Brüssel, Genf	Geograf, Anarchist; Professor für Sozialgeografie in Brüssel, Autor der «Nouvelle Géographie Universelle»
1844–1916	*James Guillaume*	Neuenburg, Jura, Paris	Lehrer, Verlagsleiter, Anarchist; hielt die Juraföderation zusammen und gründete mit Bakunin die Antiautoritäre Internationale
1842–1923	*Peter Kropotkin*	St. Petersburg, Genf, Jura, London	Geograf, Biologe, Anarchist, Autor; wurde im Jura Anarchist, Delegierter der Antiautoritären Internationalen, berühmtester russischer Anarchist
1852–1942	*Wera Nikolajewna Figner*	Zürich, Clarens (Genf)	Medizinerin, Philosophin, Sozialrevolutionärin, Autorin; sorgte für eine ehrenvolle Beisetzung Kropotkins und gründete ein Kropotkin-Museum
1875–1951	*Anna-Ester Tumarkin*	Chisinau, Berlin, Bern	erste Philosophie-Professorin Europas; orientierte sich stark an Dilthey; Buch über Schweizer Philosophie
1857–1913	*Ferdinand de Saussure*	Genf, Berlin, Leipzig	Sprachwissenschaftler, Indogermanist; hat Semiotik und Strukturalismus des 20. Jahrhunderts stark beeinflusst
1881–1966	*Ludwig Binswanger*	Kreuzlingen, Zürich, Heidelberg	Psychiater, Daseinsanalytiker; Freund Freuds; Hauptwerk «Grundformen der Erkenntnis menschlichen Daseins»

Zeit	Name	Ort/e	Ausrichtung
1892–1985	*Helmuth Plessner*	D, NL, USA, Zürich	Philosophischer Anthropologe, Mediziner, Soziologe; stand der Frankfurter Schule nah; Theorie der Exzentrizität
1897–1982	*Adolf Portmann*	Basel	Zoologe, Philosophischer Anthropologe; Mensch als «physiologische Frühgeburt» mit Weltoffenheit
1896–1980	*Jean Piaget*	Neuenburg, Paris	Biologe, Erkenntnistheoretiker, Entwicklungspsychologe; kognitive Entwicklung in fünf Entwicklungsstadien
1905–1973	*Jean Gebser*	Berlin, Paris, Bern	Buchhändler, Autor; Hauptwerk «Ursprung und Gegenwart»: Theorie der Bewusstseinsentwicklung
1902–1995	*Joseph Maria Bocheński*	Lemberg, Rom, Fribourg	Professor für Logik und für neuzeitliche Philosophie; Autorität für sowjetische Philosophie; Gründer des Osteuropa-Instituts
1878–1960	*Paul Häberlin*	Kesswil, Basel, Göttingen, Berlin, Schaffhausen, Kreuzlingen	Philosoph, Pädagoge und Psychologe; philosophischer Anthropologe und Existenzphilosoph; Gründer der Schweizerischen Philosophischen Gesellschaft; befreundet mit Ludwig Binswanger und C. G. Jung; Philosophie des grossen Ja
1904–1965	*Hans Barth*	Winterthur, Zürich	Philosoph, Redaktor für Wissenschaft und Philosophie; Professor für Philosophie, Politik und Ethik; setzte sich v. a. mit dem Begriff der Ideologie und der

Zeit	Name	Ort/e	Ausrichtung
			Wahrheit auseinander; Kämpfer gegen den Totalitarismus
1899–1966	*Wilhelm Röpke*	Hannover, Göttingen, Marburg, Jena, Graz, Istanbul, Genf	Ökonom und Sozialphilosoph; seit 1937 in Genf; Vordenker der Sozialen Marktwirtschaft; Gründungsmitglied und Präsident (1961–62) der MPS, trat später aus; strebte ‹ökonomischen Humanismus› an, auch ‹Dritter Weg› genannt; Menschenrechte sind vorrangig; Marktwirtschaft muss mit einem Sozial- und Humanitätsprinzip in Balance gehalten werden
1883–1969	*Karl Jaspers*	Oldenburg, Heidelberg, Basel	Psychologe und Philosoph, lehrte seit 1948 in Basel; Existenzphilosoph; befreundet mit Hannah Arendt; Schüler: Jeanne Hersch, Hans Saner; wichtige Begriffe seiner Philosophie: Seinsgewissheit, Grenzsituation, Achsenzeit, geschaffene Freiheit des Menschen, Weltphilosophie
1910–2000	*Jeanne Hersch*	Genf, Heidelberg, Basel, Paris, Thailand	Existenzphilosophin, Philosophie-Professorin an der Uni Genf, Direktorin der Philosophischen Abteilung der UNESCO, Pädagogin; zentrale Themen: Freiheit und Menschenrechte; kritisch gegen jede Form von Dogmatik
1912–1998	*Olof Gigon*	Basel, Fribourg, München, Bern, Athen	bedeutender Klassischer Philologe und Übersetzer; popularisierte die antike griechische Kultur; Werke: «Der Ursprung der griechischen Philosophie»; «Sokrates. Sein Bild

Zeit	Name	Ort/e	Ausrichtung
			in Dichtung und Geschichte» u. a.
1919–2008	*Arnold Künzli*	Zürich, Zagreb, Bern, Rom, London, Bonn, Basel	Auslandskorrespondent der National-Zeitung; Professor für Politische Philosophie; nonkonformistischer Blick auf Marx und den Marxismus; Radikaldemokrat, tiefenpsychologisch interessiert
1933–2002	*Henri Lauener*	Bern, Krattigen, Paris, Biel	analytischer Philosoph, förderte die analytische Philosophie sehr; erkenntniskritisch; eigene Lehre: die offene Transzendentalphilosophie
1934–2017	*Hans Saner*	Grosshöchstetten, Basel, Bern	Herausgeber des Nachlasses von Karl Jaspers, Dozent an der Musikakademie Basel; starkes öffentliches Engagement als Philosoph
1934–	*Jean Ziegler*	Thun, Bern, Genf, Paris, New York	Jurist und Soziologe; engagierter Kämpfer für die Menschenrechte; scharfer und provokanter Kritiker und Intellektueller, weltweit bekannt
1941–	*Annemarie Pieper*	Düsseldorf, Berlin, München, Basel	Philosophie-Professorin und Schriftstellerin; Existenzphilosophie, Ethik; zeitweise Moderatorin der «Sternstunde Philosophie»
1941–	*Karen Gloy*	Itzehoe, Heidelberg, Hamburg, Luzern, München	Philosophie-Professorin, weltweite Gastprofessuren, bewusstseinstheoretische Fragen; Wissenschaftsgeschichte; Wahrnehmungs- und Denkweisen;

Zeit	Name	Ort/e	Ausrichtung
			Rationalitätstypen hat sie auch auf Expeditionen in Papua-Neuguinea erforscht
1946–	*Ruedi Imbach*	Sursee, Fribourg, Freiburg, Florenz, Bochum, Paris, Vevey	mittelalterlicher Philosophiegeschichtler; Professor in Fribourg und an der Sorbonne; Übersetzer und Kommentator mittelalterlicher Philosophie; Dante-Spezialist
1944–	*Peter Bieri*	Bern, Muri, London, Heidelberg, Bielefeld, Marbach, Berlin	analytischer Philosoph und Professor der Philosophie; Roman-Autor; «Das Handwerk der Freiheit», «Wie wollen wir leben?»
1953–	*Jean-Claude Wolf*	Winterthur, Zürich, Bern, Luzern, Fribourg	Professor für politische Philosophie und Ethik an der Universität Fribourg; Tierrechtsethik, Utilitarismus, Nietzsche, Stirner, Fénelon; das Böse, Egoismus

Vergleichende Tabellen

Pädagogische Philosophie aus der Schweiz

Philosoph	Mensch ist von Natur asozial	Mensch ist von Natur böse	Gesell-schaft / Staat gut	Mittel, das Gute zu fördern	Erziehung ist …
Johann Georg Sulzer	–	√	√	Gewalt und Zwang, Kinderzucht	Abrichtung; «Diese ersten Jahre haben unter anderem auch den Vorteil, dass man da Gewalt und Zwang brauchen kann.» (1748)
Jean-Jacques Rousseau	√	nein	nein	Entwicklungs-gerechte Förderung	Entfaltung des natürlichen Guten; «Das Kind ist nur böse, weil es schwach ist. Macht es stark, und es wird gut sein.» (1762)
Giovanni Francesco Soave	nein	nein	√	Förderung der Sprach- und Denk-entwicklung	moralische und geistige Bildung
Johann Heinrich Pestalozzi	√	nein	nein	naturgemässe, sittliche Entwicklung der Anlagen	Bildung der Menschlichkeit

Mit der Aufklärung ergeben sich die Fragen, ob und wie die Welt zu verbessern sei und die Frage nach der Natur des Menschen bzw. wie sich seine positiven Eigenschaften entfalten und die negativen reduzieren liessen.

Anarchistische Philosophie aus der Schweiz

Philosoph / Geograf	Herkunftsland	Beruf	Wo in der Schweiz	Richtung
Michail Bakunin (1814–1876)	Russland	Philosoph und Revolutionär	Zürich, Genf, Bern, Jura	Libertärer Anarchismus
Élisée Reclus (1830–1905)	Frankreich	Anarchistischer Geograf	Genf, Clarens, Jura	Libertärer Anarchismus
James Guillaume (1844–1916)	Schweiz	Lehrer, Redaktionssekretär	Neuenburg, Jura, Bern	Libertärer Anarchismus, Anarchosyndikalismus
Peter Kropotkin (1842–1923)	Russland	Geograf, Autor, Anarchist	Genf, Jura, Bern	Kommunistischer Anarchismus
Wera Figner (1852–1942)	Russland	Ärztin	Zürich, Clarens	Kommunistischer Anarchismus

Die Frankfurter Schule in der Schweiz

Philosoph	In der Schweiz wo und wann	Starb wo	Beigesetzt wo
Walter Benjamin (1882–1940)	Bern (1917–1920)	Portbou (Spanien) 1940	Portbou
Max Horkheimer (1895–1973)	Montagnola (TI) seit 1957	Nürnberg	Bern, Jüdischer Friedhof
Friedrich Pollock (1894–1970)	Montagnola (TI) seit 1957	Montagnola	Bern, Jüdischer Friedhof

Philosoph	In der Schweiz wo und wann	Starb wo	Beigesetzt wo
Theodor W. Adorno (1903–1969)	Sils, Zermatt (Ferien)	Visp (VS)	Frankfurt a. M.
Erich Fromm (1900–1980)	Muralto (TI) seit 1974	Muralto	Bellinzona

Engagierte Philosophie in Praxis und Öffentlichkeit

	Gerd Achenbach	Hans Saner	Jeanne Hersch
Appell an	Moral	Ethik	Recht
Fokus auf	Philosophische Praxis	Begriffliche und Lebensorientierung	Menschenrechte
Dialog vor allem als	gelehrtes, reflektierendes Gespräch	klärender Dialog	Positionen verdeutlichender Vortrag
Ausrichtung auf	den Einzelnen	die Gesellschaft	die Politik
Denkweise auch geprägt von	Theologie, Transzendenz	Psychiatrie, Psychologie	Literaturwissenschaft
philosophischer Vorläufer		Karl Jaspers	

Bilder und Fotos der Philosophinnen und Philosophen

Abbildung 1: Glarean in einer Zeichnung Holbeins des Jüngeren

Abbildung 2: Erasmus von Rotterdam in einem Stich von Dürer

Abbildung 3: Theophrastus Bombastus von Hohenheim – Paracelsus, Stich von Augustin Hirschvogel

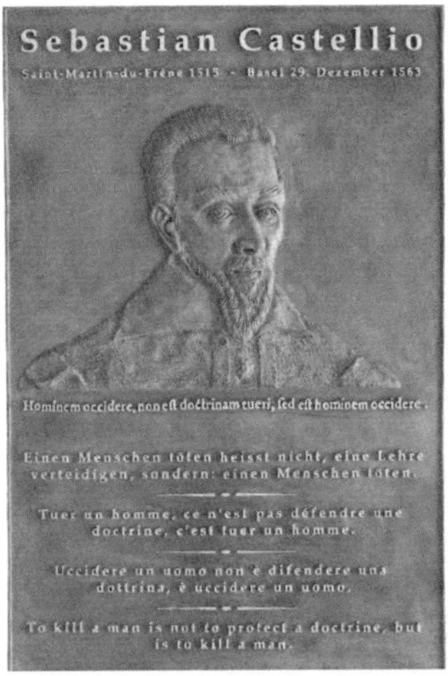

Abbildung 4: Erinnerungstafel an Sebastian Castellio in Basel aus dem Jahr 2016

Abbildung 5: Ulrich Zwingli, Porträt von Hans Asper

Abbildung 6: Jean-Jacques Burlamaqui auf einem Gemälde von 1760

Abbildung 7: Porträt des Neuenburger Gelehrten Emer de Vattel, Öl auf Leinwand eines unbekannten Künstlers, um 1760

Abbildung 8: Jean-Jacques Rousseau auf einem Gemälde von Maurice Quentin de La Tour

Abbildung 9: Johann Heinrich Lambert

Abbildung 10: Julie Bondeli, anonymes Bildnis in der Burgerbibliothek Bern

Abbildung 11: Voltaire im Schloss Ferney, Ölbild von Nicolas de Largillière

Abbildung 12: Julien Offray de la Mettrie als lächelnder Demokrit auf einem Stich von Georg Friedrich Schmidt

Abbildung 13: Charles Bonnet, Lithografie von James Caldwall, England 1802

Abbildung 14: Johann Georg Sulzer, Brustbildnis von Anton Graff, um 1771

Abbildung 15: Francesco Soave

Abbildung 16: Johann Heinrich Pestalozzi mit seinem Enkel Gottlieb Pestalozzi, Ölbild von Georg Friedrich Adolph Schöner, um 1804

Abbildung 17: Germaine de Staël mit ihrer Tochter Albertine, Porträt von Elisabeth Vigée Le Brun

Abbildung 18: Benjamin Constant, Ölbildnis 1810 bis 1820

Abbildung 19: Gedenkmarke der DDR an den 200. Geburtstag von Georg Wilhelm Friedrich Hegel

Abbildung 20: Porträt Ignaz Paul Vital Troxlers von Fr. Buser, Stich von J. Siebert als Lithografie in einem Text Troxlers, 1850

Abbildung 21: Jacob Burckhardt, spiegelverkehrtes Foto

Abbildung 22: Johann Jakob Bachofen, Marmorbüste von Richard Kissling um 1884

Abbildung 23: Henri-Frédéric Amiel in jungen Jahren gezeichnet von Fräulein Saint-Ours

Abbildung 24: Friedrich Nietzsche, gemalt von Edvard Munch, 1906

Abbildung 25: Michail Bakunin, fotografiert in seiner Zeit in Italien

Abbildung 26: Élisée Reclus, fotografiert von Paul Nadar um 1900

Abbildung 27: James Guillaume

Abbildung 28: Peter Kropotkin auf einem Foto von Paul Nadar, um 1900

Abbildung 29: Wera Figner im Sommer 1880

Abbildung 30: Anna Tumarkin im Jahr 1899

Abbildung 31: Ferdinand de Saussure

Abbildung 32: Jean Piaget 1972 (Bildausschnitt)

Abbildung 33: Ludwig Binswanger im Holzschnitt von Ernst Ludwig Kirchner

Abbildung 34: C. G. Jung

Abbildung 35: Jean Gebser auf einem Foto von Rudolf Hämmerli, dem Herausgeber der Werke von Gebser

Abbildung 36: Joseph Maria Bocheński

Abbildung 37: Friedrich von Hayek

Abbildung 38: Sir Karl Popper

Abbildung 39: Wilhelm Röpke

Abbildung 40: Jeanne Hersch

Abbildung 41: Karl Jaspers mit seiner Frau Gertrud Jaspers

Abbildung 42: Arnold Künzli

Abbildung 43: Hans Saner (rechts) im Gespräch mit Silvio Ballinari

Abbildung 44: Jean Ziegler im Auditorium Maximum der Universität Wien bei den Studierendenprotesten 2009

Abbildung 45: Helmut Holzhey vor dem Bild eines seiner Forschungsschwerpunkte: Immanuel Kant

Abbildung 46: Emil Angehrn

Abbildung 47: Karen Gloy, 2010

Abbildung 48: Annemarie Pieper

Abbildung 49: Ruedi Imbach

Abbildungsverzeichnis

Abbildung 10: Julie Bondeli, anonymes Bildnis in der Burgerbibliothek Bern. https://commons.wikimedia.org/wiki/File:JulieBondeli.jpg (Public Domain).

Abbildung 11: Voltaire im Schloss Ferney, Ölbild von Nicolas de Largillière. https://commons.wikimedia.org/wiki/File:D%27apr%C3%A8s_Nicolas_de_Largilli%C3%A8re,_Portrait_de_Voltaire_(ch%C3%A2teau_de_Ferney).jpg (Public Domain).

Abbildung 12: Julien Offray de la Mettrie als lächelnder Demokrit auf einem Stich von Georg Friedrich Schmidt. https://commons.wikimedia.org/wiki/File:Julien_Offray_de_La_Mettrie.jpg (Public Domain).

Abbildung 13: Charles Bonnet, Lithografie von James Caldwall, nach einem Werk des dänischen Künstlers Jens Juel, hergestellt in England 1802. Bibliothèque de Genève, Archives A. & G. Zimmermann. https://hls-dhs-dss.ch/de/articles/015877/2011-04-06/ (Public Domain).

Abbildung 14: Johann Georg Sulzer, Brustbildnis von Anton Graff, um 1771. Kunst Museum Winterthur. https://kmw.zetcom.net/de/collection/item/8081 (Public Domain).

Abbildung 15: Francesco Soave (Herkunft nicht nachweisbar).

Abbildung 16: Johann Heinrich Pestalozzi mit seinem Enkel Gottlieb Pestalozzi, Ölbild von Georg Friedrich Adolph Schöner, um 1804. Zentralbibliothek Zürich, Graphische Sammlung und Fotoarchiv. https://hls-dhs-dss.ch/de/articles/009054/2020-11-18/ (Public Domain).

Abbildung 17: Germaine de Staël mit ihrer Tochter Albertine, Porträt von Elisabeth Vigée Le Brun. Collections du Château de Coppet. https://commons.wikimedia.org/wiki/File:Mme_de_Sta%C3%ABl_avec_sa_fille_Albertine.png (Public Domain).

Abbildung 18: Benjamin Constant, Ölbildnis 1810 bis 1820. Musée Carnavalet Histoire de Paris. https://www.parismuseescollections.paris.fr/fr/

musee-carnavalet/oeuvres/portrait-de-benjamin-constant-1767-1830-ecrivain-et-homme-politique-1#infos-principales (Public Domain).

Abbildung 19: Gedenkmarke der DDR an den 200. Geburtstag von Georg Wilhelm Friedrich Hegel. https://commons.wikimedia.org/wiki/File:Stamps_of_Germany_(DDR)_1970,_MiNr_1539.jpg (Public Domain).

Abbildung 20: Porträt Ignaz Paul Vital Troxlers von Fr. Buser, Stich von J. Siebert, als Lithografie mit einem Text Troxlers, von Bernhard Eglin in Luzern und Heinrich Füssli & Cie. in Zürich herausgegeben um 1850. Zentral- und Hochschulbibliothek Luzern, Sondersammlung. https://hls-dhs-dss.ch/de/articles/009053/2015-11-18 (Public Domain).

Abbildung 21: Jacob Burckhardt, spiegelverkehrtes Foto. Deutsches Bundesarchiv. https://upload.wikimedia.org/wikipedia/commons/5/56/Carl_Jacob_Christoph_Burckhardt_im_Jahr_1890-spiegelverkehrtes_Photo.png (Public Domain).

Abbildung 22: Johann Jakob Bachofen, Marmorbüste von Richard Kissling um 1884. Kunstmuseum Basel. https://elisabethitti.fr/2019/10/28/une-passion-pour-lart-louise-bachofen-burckhardt-collectionner-pour-bale (Public Domain).

Abbildung 23: Henri-Frédéric Amiel in jungen Jahren gezeichnet von Fräulein Saint-Ours. Öffentliche Universitätsbibliothek Genf. https://commons.wikimedia.org/wiki/File:Henri_Fr%C3%A9d%C3%A9ric_Amiel_jeune-01.jpg (Public Domain).

Abbildung 24: Friedrich Nietzsche, gemalt von Edvard Munch, 1906. https://commons.wikimedia.org/wiki/File:Friederich_Nietzsche.jpg (Public Domain).

Abbildung 25: Michail Bakunin, fotografiert in seiner Zeit in Italien. https://wikimedia.org/wiki/File:Bakunin2.jpg (Public Domain).

Abbildung 26: Élisée Reclus, fotografiert von Paul Nadar um 1900. https://commons.wikimedia.org/wiki/File:%C3%89lis%C3%A9e_Reclus,_by_Nadar,_retouched.jpg (Public Domain).

Abbildung 27: James Guillaume. https://commons.wikimedia.org/wiki/File:Guillaume_james.jpg (Public Domain).

Abbildung 28: Peter Kropotkin auf einem Foto von Paul Nadar, um 1900. https://commons.wikimedia.org/wiki/File:Peter_Kropotkin_circa_1900.jpg (Public Domain).

Abbildung 29: Wera Figner im Sommer 1880. https://www.projekt-gutenberg.org/figner/nachtrus/chap002.html (Public Domain).

Abbildung 30: Anna Tumarkin im Jahr 1899. https://de.wikipedia.org/wiki/Datei:Tumarkin,_Anna_(1875-1951).jpg (Public Domain).

Abbildung 31: Ferdinand de Saussure. https://commons.wikimedia.org/wiki/File:Ferdinand_de_Saussure.jpg (Public Domain).

Abbildung 32: Jean Piaget 1972 (Bildausschnitt). https://commons.wikimedia.org/wiki/File:Professor_Piaget_en_koningin_Juliana_tijdens_de_bijeenkomst,_Bestanddeelnr_925-6521.jpg (Public Domain).

Abbildung 33: Ludwig Binswanger im Holzschnitt von Ernst Ludwig Kirchner. https://commons.wikimedia.org/wiki/File:Kirchner_-_Dr_Ludwig_Binswanger.jpg (Public Domain).

Abbildung 34: C. G. Jung. ETH-Bibliothek. https://commons.wikimedia.org/wiki/File:ETH-BIB-Jung,_Carl_Gustav_(1875-1961)-Portrait-Portr_14163_(cropped).tif (Public Domain).

Abbildung 35: Jean Gebser auf einem Foto von Rudolf Hämmerli, dem Herausgeber der Werke von Gebser. https://commons.wikimedia.org/wiki/File:Jean_Gebser_Portrait.jpg (verwendet nach CC BY-SA 4.0).

Abbildung 36: Joseph Maria Bocheński. https://en.wikipedia.org/wiki/J%C3%B3zef_Maria_Boche%C5%84ski (verwendet nach CC BY-SA 3.0).

Abbildung 37: Friedrich von Hayek. https://commons.wikimedia.org/wiki/File:Friedrich_Hayek_portrait.jpg (verwendet nach CC BY-SA 3.0).

Abbildung 38: Sir Karl Popper. https://commons.wikimedia.org/wiki/File:Karl_Popper2.jpg (Public Domain).

Abbildung 39: Wilhelm Röpke. Ludwig von Mises Institute. https://commons.wikimedia.org/wiki/File:Wilhelm_R%C3%B6pke.jpg (verwendet nach CC BY-SA 3.0).

Abbildung 40: Jeanne Hersch. https://commons.wikimedia.org/wiki/Category:Jeanne_Hersch#/media/File:Jeanne_Hersch_1991.jpg (verwendet nach CC BY-SA 4.0).

Abbildung 41: Karl Jaspers mit seiner Frau Gertrud Jaspers. Karl Jaspers-Stiftung Basel. https://jaspers-stiftung.ch/_Resources/Persistent/98d0540666644e05eff3ee0068cc495f926fa551/Jaspers%2050%20BaZ.pdf (Verwendung erlaubt).

Abbildung 42: Arnold Künzli. https://www.onlinereports.ch/News.99+M5703e5d05b4.0.html (© Byline, Foto: Peter Knechtli, OnlineReports.ch, Verwendung erlaubt).

Abbildung 43: Hans Saner (rechts) im Gespräch mit Silvio Ballinari (Rechte beim Autor)

Abbildung 44: Jean Ziegler im Auditorium Maximum der Universität Wien bei den Studierendenprotesten 2009. https://commons.wikimedia.org/wiki/File:Jean_Ziegler,_Audimax_Universit%C3%A4t_Wien,_24.11.2009.jpg (Foto: Manfred Werner, verwendet nach CC BY-SA 3.0).

Abbildung 45: Helmut Holzhey vor dem Bild eines seiner Forschungsschwerpunkte: Immanuel Kant. https://www.news.uzh.ch/de/articles/2004/1325.html (Foto: Monica Ambauen, Verwendung erlaubt).

Abbildung 46: Emil Angehrn (Foto: Basilisk AG).

Abbildung 47: Karen Gloy, 2010. https://commons.wikimedia.org/wiki/File:Karen-Gloy-2010.jpg (Public Domain).

Abbildung 48: Annemarie Pieper (durch Annemarie Pieper bereitgestellt, Verwendung erlaubt).

Abbildung 49: Ruedi Imbach. http://philosophus-secundus.ch/contact/ (durch Ruedi Imbach bereitgestellt, Verwendung erlaubt).

Das Signet des Schwabe Verlags ist die Druckermarke der 1488 in Basel gegründeten Offizin Petri, des Ursprungs des heutigen Verlagshauses. Das Signet verweist auf die Anfänge des Buchdrucks und stammt aus dem Umkreis von Hans Holbein. Es illustriert die Bibelstelle Jeremia 23,29:
«Ist mein Wort nicht wie Feuer, spricht der Herr, und wie ein Hammer, der Felsen zerschmeisst?»